中國語文小叢書

# 繁簡由之

第四版

程祥徽 著

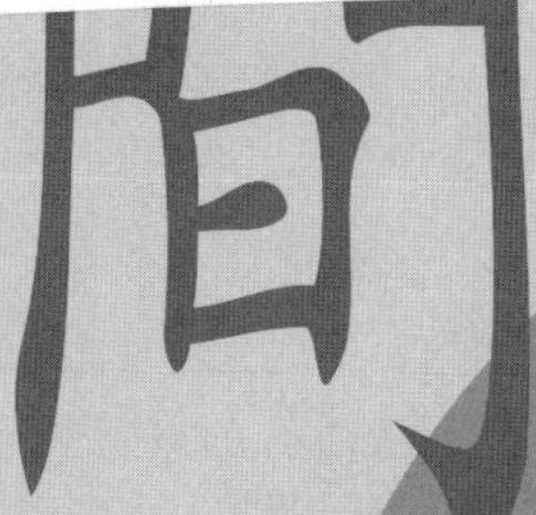

責任編輯　劉廣第

中國語文小叢書

書　　名　繁簡由之（第四版）
作　　者　程祥徽
出版發行　三聯書店（香港）有限公司
香港域多利皇后街九號
JOINT PUBLISHING (H.K.) CO., LTD.
9 Queen Victoria Street, Hong Kong
印　　刷　陽光印刷製本廠
香港柴灣安業街三號七樓
版　　次　1984年9月香港第一版第一次印刷
1985年8月香港修訂版第一次印刷
1991年6月香港增訂版第一次印刷
1996年2月香港第四版第一次印刷
1997年8月香港第四版第二次印刷
規　　格　大48開（105×165mm）128面
國際書號　ISBN 962 · 04 · 1314 · 8

Published & Printed in Hong Kong

# 出版說明

中國漢字數以萬計，經過歷年整理，其中一小部分有繁體、簡體之分。這部分漢字，中國大陸已通行簡體，港澳和台灣仍沿用繁體。隨着中國的國際影響的擴大，簡體漢字日益為人們所接受，聯合國各組織就正式使用簡化漢字，中國以外的地區，如新加坡、馬來西亞等國已正式採用簡體字；但其他華人社會的印刷物仍習慣使用繁體字。繁簡之分，給各地華人公私函件的往來和書報的閱讀、發行增加了不少困難。

香港是東西文化的滙點，也是世界華人文化的滙點。香港人和中國大陸、台灣以及世界各地華人有比較頻密的通信往來；要經常閱讀本港以及來自中國大陸、台灣、新加坡等地出版的書報。然而，這些書報有用繁體字排印的，更多的則是用簡體字排印的。香港人若要適應身處的這個特定的社會，若要借助這種獨有的條件在東西文化交流方面作更多貢獻，就非得既懂繁體字又懂簡化字不可。

事實上，香港至今雖仍通行繁體字，可是有不少香港人，在手寫體方面早就或多或少用一些簡化字，甚至報章雜誌也有一些簡體字出現。這也不足爲怪，因爲簡體字是約定俗成的。但有些人總覺得繁體才屬正統，對接受簡體有一種心理障礙。如果排除心理障礙，眞要掌握，並不困難。澳門大學中文系主任程祥徽為我們編寫的這本小册子，就說明了這個問題。這本小册子，深入淺出地闡明了漢字簡化的規律,讀者只要通讀一遍，再閱讀一些用簡體字排印的書很快就可掌握簡體字，不致再視簡化字爲畏途，就可以做到“繁簡由之”，隨心所欲了。

三聯書店（香港）有限公司編輯部

# 目　錄

# 王力序

漢字簡化，國內已經行用了二十餘年，大家已經習慣了。

漢字簡化，並不是隨便捏造的，基本上是約定俗成的。多數簡化字是民間行用已久，有些是宋元以來的俗字，不過現在政府明令承認它們的合法地位罷了。

簡化字大致可以分爲下列六種。

（一）草書楷化。例如“书”、“还”、“环”、“导”。

（二）起用古字。例如“雲”作“云”，“從”作“从”，“棄”作“弃”。

（三）合併通用字。例如“游、遊”合併爲“游”，“佑、祐”合併爲“佑”，“并、併、並”合併爲“并”。

（四）同音代替。例如“餘”作“余”，“徵”作“征”。

（五）省寫一部分或大部分。例如“業”作

“业”,“電”作“电”,“習”作“习”,“廠”作“厂”,“廣”作“广”。

(六)沿用宋元以來的俗字。例如“靈”作“灵”,“罷”作“罢”,“陽”作“阳”,“陰”作“阴”。

有了約定俗成的原則，所以簡化漢字的推行就非常順利了。

程祥徽君這本書對漢字簡化問題條分縷析，說理透徹,講出了漢字爲什麼要簡化的許多道理。這是一部好書，所以我樂意給它作序。

王　力　一九八四年六月六日

北京大學燕南園

# 姚德懷序

中文字（漢字）裏的許多俗字，在民間已經流行了至少好幾百年。五十年代，國內在這些俗字的基礎上，制定了規範化了的簡化字。這些簡化字也就是本書末簡體字表裏所收的。簡化字公佈後，不但迅速爲國內人民所接受，也逐漸爲海外華人所認識。到了七十年代，同樣的這些簡化字，由新加坡政府規定爲法定漢字，也爲聯合國採用在中文文件上使用。

至於香港,長期以來當局採取語文放任政策。就中國人民兩種重要語文交際工具——普通話和簡化字——的教學來說,它們落後於時代數十年:普通話始終沒有得到官方的大力提倡，簡化字更是中小學忌諱的對象。結果是，中學畢業生，甚至大學畢業生，在和十億同胞的交往中，產生了語文溝通上的障礙。

香港中國語文學會自一九七九年成立以來，一直把推廣普通話和介紹簡化字列爲兩項長期的工作。我們曾經向教育當局建議：把普通話列入會考課程；向考試局建議，准許考生使用大陸、台灣、新加坡通用的簡體字。雖然暫時還沒有得到當局積極的反應，但是憑着香港人自己的頑強的適應力，這種不會講普通話、不認識簡化字的局面正在慢慢地改變過來。

在教普通話和介紹簡化字的過程中，我們發現，兩者相比，雖然學講普通話較難，但是學認簡化字的心理障礙却更大。這種心理障礙是從兒童時代、少年時代受學校和社會環境的影響長年累月地形成的。一旦去掉這種心理障礙，不出三數日，就能看懂用簡化字印刷的書刊。一名中學生，家長介紹他看小說《李自成》（用簡化字印的），他開了頭，堅持一下，小說看完了，簡化字同時也學會了。這不奇怪，因爲漢字簡化的一條基本原則便是“約定俗成”。這也證明了，只要下一點决心，學會簡化字絕非難事。

今後的趨勢是：香港和國內的交流會越來越頻繁，用簡化字印的書刊會越出越多，願意學簡化字、願意用簡化字的人也會越來越多，最近舉行的“上海書展”的盛況證明了這一點。在這樣的時刻，本書作者程祥徽先生以不多的篇幅，精要而系統地介紹了簡化字的各個方面，實在是非常及時的。我願意把這本書推薦給所有已經或將要接觸到簡化字的人們，相信大家看後會有更上一層樓的感覺。

**姚德懷**　一九八四年六月
於香港中國語文學會

# 林佐瀚序

語言是用來交流溝通的，文字也是用來交流溝通的。今天我們慣用的漢字形體，在古代未必是一樣的寫法，其間經過了前人費盡心血的改良，才有今天流行通用的字形。假如今天還用甲骨文、金文，以至小篆，恐怕一般人都看不懂，而文字作爲交流溝通的基本作用便失其功效了。

今天香港流行的漢字是俗稱“繁體字”，而內地的漢字是俗稱爲“簡體字”。其實，在文字學上，漢字一直在變化，有“由簡變繁”，也有“由繁變簡”。例如“見”字，古代便有“看見”和“被看見”的涵義。《論語·泰伯篇》有說：“天下有道則見”，“見”字這兒讀“彥”，是“被看見”和“顯露”的意思，也是“出現”的意思。所以，古代“見”字和“現”字是相通的。但是，慢慢地，由於表達更清晰精細的緣故，“現”字便產生了，是“被看見”和“顯露”的意思，而有別今天我們通用的“見”字，這是“由簡變繁”

的步驟。但字形也常“由繁變簡”的。例如“集”字，古代寫作“雧”。《說文》說：“羣鳥在木上也”。“雧”是代表三隻或更多的鳥(隹)，棲身於木之上，才有“集合”的意思。但“雧”字也自然地今天簡化寫爲“集”了，只用一隻鳥(隹)代表了三隻鳥(雥)。這是“由繁變簡”的例子。

所以，今天香港人通用的所謂“繁體字”，根本已是改良了的“簡體字”，不過是習慣用了，而不知其源流。字體簡繁，有賴於大衆的習慣引用。香港人已習慣寫“麗”爲“丽”，“蟲”爲“虫”，這根本已是簡體字。今天科技猛進的社會，做事要講究效率、實用，所以漢字需要整理，簡化筆畫，淘汰異體，這是自然的發展。我們總不能將時光倒流，寫“星”字如金文的“曐”字吧。

國內推行“簡體字”已多年，香港人起初也許不習慣，其實，稍下功夫，在三數天內，便可掌握“簡體字”的竅門。我們都是黃冑子孫，總要交流溝通的吧。這不過是慣用與不慣用而已。

程兄祥徽是功力深厚的語文學者，師事王力先生。王力先生是當代語言文學的宗匠。程兄祥徽寫了這本書，立論簡賅精要，把“簡體字”作有系統的介紹，實用而有效，是很有意義的貢獻。

他請我爲他這本書寫篇序，是他對我客氣。我不過是粗懂文字，比起他對語文方面的學養，相距何止天壤，眞不免貽笑方家了。

**林佐瀚**　一九八四年五月於香港

# 漢字表意　有利有弊

人類有兩大財富：一是語言，二是文字。其他任何動物都沒有這兩種交際工具。

語言和文字有不可分割的關係。語言在文字之前早就有了；文字是語言的“代用品”，是近幾千年才產生的。語言爲什麼要用文字作代表呢？因爲語言是一種包含着意義的語音，語音一發即逝，不能傳之久遠。爲了彌補這個“缺陷”，不受時間限制和空間限制的語言代用品便應運而生。這樣，人類不僅可以用聽覺來交際，而且可以利用視覺來溝通。於是，歷史的文獻得以流傳下來，天各一方也可以交換思想感情。所以，先進的民族都是有文字的，文字的發明是人類進入文明時代的標誌。

中國是文明開化得最早的國家之一，中國的漢字從產生到發展，經歷了漫長的歲月。早在三千多年前，漢字已經形成了相當完備的體系。具有獨特性質的漢字是世世代代中國人的寶貴財富，也是世界人類的共同財富。

漢字的獨特性表現在什麼地方呢？現在世界上的文字有兩大類型：一是拼音文字，二是表意文字。拼音文字用字母代表語言的音素，字母與字母相拼得出語言的音節，表示語言的詞義。表意文字的形體有圖畫的痕迹，整個字形表示音節，而字的構件並不表示音素，因此，字形與語音不發生直接的聯繫。例如英文、俄文是拼音文字，漢字是表意文字。表意性是漢字的特點。

爲了認識漢字的表意性，我們可以看幾個例子。“人”這個字就有很濃厚的圖畫味道，一撇一捺表示兩條腿站立在地上。最早的“人”寫作 ，甲骨文爲 ，金文 ，小篆 。人與其他動物有什麼不同？從外形上看，其他動物的四肢是用來爬行的，人的四肢却有了分工。兩個前肢由爬行解放出來，由脚變成了手；兩個後肢發展成兩條腿，直立行走，所以人是站立起來的動物。“人”字非常形象地表現了這個特質。漢字與語音不發生直接的聯繫，“人”這個字並不是一定讀 ren的聲音，東北瀋陽、山東膠東半島、廣西桂林讀作yin，上海、蘇州讀作nin，武漢讀作nen，廣州、香港讀作yan，厦門讀作lang。再如兩個“人”比較高矮，文字寫作“比”（甲骨

文 ，小篆 ）；兩個“人”前後跟隨，文字寫作“从”（甲骨文 ，小篆 ，繁體字加“彳”和“止”——“彳”是“行”的一半，“止”是“足趾”的“趾”，强調“從”是脚的行動）；兩個“人”背靠背呢？就是“敗北”的“北”（甲骨文 ，小篆 ，肉體相背，乾脆加個“月”字上去成爲“背”，這是“北”的本義）。如果“人”張開雙臂，那就是“大”（甲骨 ，小篆 ）；一個“人”站在地面上是“立”（金文 ，小篆 ）；兩個“人”並排站在地面上是“並”（金文 ，小篆 ，楷書“竝”和“並”）；“人”的兩臂之下是腋，腋的本字是“亦”（甲骨 ，小篆 ）；兩個“小人”攙扶一個“大人”則是“夾”（甲骨 ，小篆 ）；一個“人”兩脛交叉爲“交”（甲骨 ，小篆 ）；一個“人”邁開三隻脚爲“奔”（甲骨 ，小篆 ）。“人”和由“人”引發出來的“比、從、北、背、大、立、並、亦、夾、交、奔”等字都可以說明漢字的表意特點。其實，一大批（並不是全部）漢字的意義都可以從漢字的形體上體察尋味出來。除了上面舉的“人”字，再如“尖”字，一件物體或一個圖形上面小、下面大，像座寶塔，不就是“尖”嗎？“寶”字是家裏（以寶蓋“宀”表示）有“玉”、有“貝”，簡直就是由幾個簡單的形體組合而成的表意圖畫，而且“缶”還表示出字的讀音：“缶”今讀“否”，古讀“保”，“寶”的讀音是古“缶”字。“寶”在甲骨文裏沒有“缶”：；“缶”是以後加上去的，如小篆。即使是有表音成分的字，表意的比重也不小。例如“衷”字由拆開來放在上面和下面的“衣”和放在中間的“中”構成，“中”表示讀音，但如尋求構件之間的意義聯繫，“衣中”不正是“內心”嗎？字典用“內心”解釋“衷”，“衷”的字義其實在字形上已有明顯的表示。

正因爲漢字具有濃厚的圖畫性與表意性，所以可以利用漢字製造種種趣味性的文字作品，將漢字的特性發揮到極致。例如：

日 山 路
雲 雨 度 陽
舟 渡 過
風 花 香

日 山 雨 舟 是“日山雨舟”的形體素描，它們與長“口”的“路”、橫置的“雲”“渡”、斜放的“陽”、捲角的“風”、無“人”的“過”

以及殘缺的“花”“香”組合成一幅鮮明的圖畫。這首用圖畫性的漢字構成的詩，可以理解爲如下四句：

圓日高山路口長，
橫雲細雨度斜陽。
扁舟橫渡無人過，
風捲殘花半日香。

英國詩人龐德說：“世界上最易做詩的文字是中文。”美國詩人C·C·甘明斯說：“中國的詩人就是畫家。”其所以如此，就是因爲漢字具有表意性能。

世界上很多事物或現象有一利常有一弊。一個漢字表示一幅圖畫固然富有美感與詩意，但是同時產生字數繁多、筆畫複雜的弊病。語言在發展中詞彙量不斷加大，代表語素的漢字也就隨之增多。

表意性質爲什麼會使字數多起來？因爲一個語素一般地用一個漢字表示，語素不斷增加，漢字也不能不隨着多起來。醫學上發現了癌，就要有“癌”字表示，化學上發現了鐳，也需要用“鐳”字作代表。於是，“疒”字旁的新字、“金”字旁的新字以及用其他部件、其他方法構成的新字不斷湧現。即使是“湧現”，新字還是落後於新詞產生的速度。例如報載：“陝西省……礦藏豐富，出產的金屬有鐵，孟（金旁），各（金旁），太（金旁），月（金旁），汞、鋁、鉛，鋅、金、銀等。”（一九八八年三月十五日澳門《市民日報》）所謂“孟（金旁），各（金旁），太（金旁），月（金旁）”就是“錳，鉻，鈦，鈅”。因爲來不及鑄字模，所以只好用“金旁”作注，說明新字的形體。由此可見新字產生的速度。

新事物、新概念是層出不窮的，漢字的數量也就相應地有增無減，直至增加到無法數計的田地。拼音文字則不然。無論語言中出現多少新詞，既有的字母（一般爲三十個上下）都能拼出它們的聲音，無需另創新字母；即使有所新創，數量也是極之有限。

漢字的數量因記載新語素或新詞語的需要而不斷增加，字數多起來爲什麼會使筆畫趨於繁複？每個漢字都有自己獨特的形體，數以萬計的漢字就要有數以萬計的不同形體。這樣多的不同形體從何而來？主要是對原有字形稍作改動，或者在原字基礎上調整筆畫、增減筆畫和增加構件（如增加形符），因此，多一畫少一畫，或筆畫在結構中處於不同的位置，都會影響整個字的音、義。

“錫茶壺 ”是錫製的茶壺，三個字各加一橫就不是茶具了：

錫　讀楊，馬額上的裝飾物。

荼　讀途，古書上指茅草的白花，如“ 如火如荼 ”。

壼　讀捆，“ 宮中衖謂之壼。”（《爾雅 · 釋宮》）

一筆一畫之別，字義失之千里的例子多極了，隨手再舉一些：

弋——戈

免——兔

不——木

刀——刁

沫——沬

汩——汨

睢——雎

胃——胄

佘——余

刺——剌

鈐——鈴

冼——洗

冷——泠

次——㳄

丐——丏

欵——欸

肄——肆

圻——坼

卬——印

幻——幼

瘐——瘦

灸——炙

菅——管

釣——鈞

第——笫

崇——祟

豕——豖

撤——撒

孥——帑

宦——宧

毋——母

迥——迴

埸——場

汎——汛

東——柬

亳——毫

戊——戌——戍

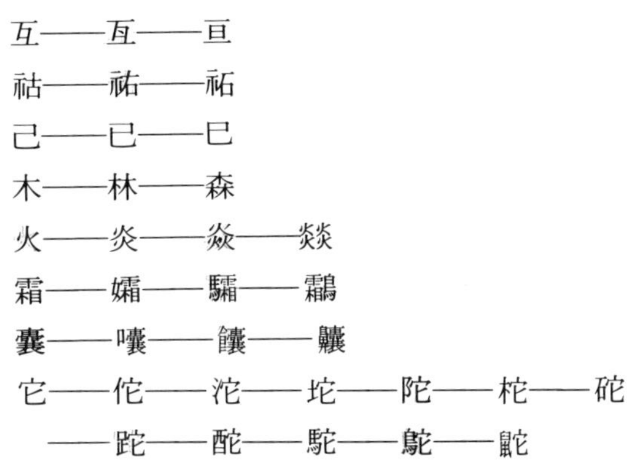

互——互——亘

祜——祐——祏

己——已——巳

木——林——森

火——炎——焱——燚

霜——孀——驦——鸘

囊——囔——饢——𩧢

它——佗——沱——坨——陀——柁——砣

——跎——酡——駝——鴕——鮀

這樣幾乎沒有限度地增加筆畫和構件，以至筆畫越來越繁多，字形越來越臃腫，字數也就跟着膨脹起來。

有時字的筆畫與構件沒有變化而構件的位置有了更改，字義依然不變，如：

够＝夠

秋＝秌

略＝畧

群＝羣

裏＝裡

鄰＝隣

氈＝氊

飄＝飃

有時却因構件位置的變化而改變字的意思，

令人莫衷一是，如：

景≒晾

邑≒吧

架≒枷

忘≒忙

愈≒愉

累≒細

紊≒紋

帛≒帕

售≒唯

召≒叨

含≒吟

陪≒部

裹≒裸

裒≒袍

可≒叮

圃≒哺

棗≒棘

困≒杏、呆

筆畫不斷繁化，字數不斷增加，形體日趨接近，構件又有定位與不定位之別，所有這些，都給學習和使用漢字的人帶來困難。歸根到底，這個困難是由漢字的表意性帶來的。

因此，漢字在發展過程中不斷地出現簡化現象。而漢字的整理與簡化工作至遲可以追溯到兩千年前。秦始皇時代統一六國文字，制訂以小篆爲規範的政策,就是一次大規模的漢字整理運動。歷來漢字簡化工作的要領都是用整理漢字的辦法精簡字數，用簡化筆畫的辦法解决筆畫繁多的難題。

精簡字數與簡化筆畫也是今天漢字簡化工作的主要內容。

# 整理漢字　精簡字數

漢字簡化包括兩個內容：一是減少字數，二是簡化筆畫。減少字數要通過整理漢字的途徑。這一節只談整理漢字、精簡字數的問題。

爲什麼要精簡字數？因爲漢字實在太多。古往今來漢字究竟有多少？至今並無一個精確的統計數字。

商代甲骨文約有三千五百至四千五百個形體。

漢代揚雄著《訓纂編》，選收了五千三百四十個字。

漢代許愼著《說文解字》，收字九千三百五十三個。

三國時魏國的李登著《聲類》，選收了一萬一千五百二十字。

魏國的張揖著《廣雅》，却收了一萬八千一百五十個字。

晉代呂忱著《字林》，收字一萬二千八百二十四個。

北魏楊承慶著《字統》，收字一萬三千七百三十四個。

南朝梁代的顧野王著《玉篇》，字數增至二萬二千七百二十六個。

宋代陳彭年等著《廣韻》，收字二萬六千一百九十四個。

宋代丁度等著《集韻》，收字突增至五萬三千五百二十五個（包括重文和多音）。

宋代王洙等著《類篇》（舊題司馬光撰），收字三萬一千三百一十九（重文異體有二萬一千多字）。

明代梅膺祚等著《字彙》，選收了三萬三千一百七十九字。

明代張自烈著《正字通》，收字三萬三千五百四十九個。

清代張玉書等著《康熙字典》，收字四萬七千零三十五個。

民國初年中華書局出版的《中華大字典》收字四萬八千多個。

一九六一年日本人諸橋轍次主編的《大漢和辭典》收錄四萬九千九百六十四字（包括日本造的字和詞）。

一九六八年台灣中國文化學院出版部出版

《中文大字典》，收字四萬九千九百零五個。

內地於一九八六年起陸續出版的《漢語大字典》，選收五萬四千六百七十八字。

上述各書不一定都能正確反映漢字流通的實況。例如從上述統計數字看，許慎晚揚雄一百來年，漢字不可能在這段時期內近乎成倍地增加；張揖與李登同處一個時代，兩人統計的字數更不應當有六千六百三十個之差。這說明歷代字書的統計數字未必都是精確的。

直到現在仍然沒有人說得出漢字的確切數字。有人說有五萬多個，有人說有六萬多個，更有人說有七八萬之多。但是實際上有用途的漢字並沒有那樣多，因此要整理現存的漢字。

所謂整理漢字，就是翻箱倒櫃地將全部漢字來一番清理。漢字的“庫存”極其豐富，也相當紛繁，其中許多字聲音相同、意義相同而形體有異，這是造成漢字數量太大的一個原因。進行漢字的整理，可按“約定俗成”原則對它們加以取捨：取當今通行最廣的一個，捨其餘不甚通行或不再通行的一個至幾個。例如“窗窓窻窻牕牎”取“窗”而捨其餘。一九五五年的《第一批異體字整理表》列出八百一十組異體字共一千八百六十五個字，每組選取一個加以推行，捨棄其餘一千零五十五個。這項工作其實是“淘汰異體”，我們放在下一節討論。

整理漢字要做的另一項工作是確定“現行漢字”的數量。漢字雖多，但有相當一部分漢字只在歷史的某一時期出現過，可以說是歷史的陳迹，也可以說是一批“死字”。這些字大可留給歷史學家、社會學家、文字學家們去研究。例如古代漢族社會經歷過以畜牧業生產爲主的歷史階段。那時的生產資料、生產手段、生產對象都離不了“馬”，民衆對馬的性別、年齡、品種、性情、特徵以及馬的種種形態都有細加分辨的必要；與“馬”相關的字也就隨之湧現。過了這個歷史階段，生產方式改變了，曾經流行過的與“馬”字相關的那些字歸於少用或不用，成了一批“死字”；只有歷史學家、社會學家、文字學家對它們發生興趣。下列與“馬”有關的字都是畜牧業社會的產物：

| | |
|---|---|
| 騭zhì | 公馬 |
| 騇shè | 母馬 |
| 駣tiáo | 三齡馬 |
| 騋lái | 七尺以上的馬 |
| 騜wò | 馬名 |
| 騉駼kūntú | 馬名，馬身牛蹄善登山 |

| | |
|---|---|
| 䶩 là | 駿馬名 |
| 騄駬 lùěr | 駿馬名 |
| 騛騊 fēitù | 駿馬名 |
| 騕褭 yǎoniǎo | 良馬名 |
| 騊駼 táotú | 良馬名 |
| 騧 guā | 黑嘴的黃馬 |
| 驒 tuó | 黑斑紋的青毛馬 |
| 駓 pī | 毛色黃白相雜的馬 |
| 駰 yīn | 黑帶白花的馬 |
| 騂 xīng | 紅毛的馬或牛 |
| 騑 fēi | 駕車的馬 |
| 駏 kuāng | 馬耳彎曲 |
| 馹 rì | 驛站送信的車 |
| 駜 bì | 馬肥壯的樣子 |
| 駉駉 jiōng | 馬肥壯的樣子 |
| 騤騤 kuí | 馬强壯 |
| 騔（駒）gé | 馬跑得快 |
| 駾 tuì | 驚慌奔跑 |
| 驫 biāo | 形容衆馬行走 |

此外還有“馯馵馰馲騳駀馼䨇駃騠駔駊騀駏駍駇駖駗駴駥駣駷駸駹駻騃䮘䮝䮋騢騜騥騩騪䮿騱騙騬䮓𩤉䮫騵䮰騻騽驂䮠驔驔驕驠驢驌驦驏驓驖驙驘䮾驨驫”等等。過了這個歷史階段，很多與

“馬”相關的字逐漸不再流行，甚至不再使用；它們成了歷史的陳迹，更不屬於“現行漢字”之列。

死字的數量是相當可觀的，應當在現代通行的漢字中提取出來，不再放進“現行漢字”、“常用漢字”或“通用漢字”裏。這樣，現行漢字的總數就會減少。再如：

袠　《說文解字》解釋爲“書囊也”。這個字在現代已不通行了，不必放進現代字彙中。

煏　《說文解字》解釋爲“以火乾肉”。這個字也不應算在現代漢字的數目中。

鮒　“鯽魚”在古代稱“鮒”，現代不用，亦可從現代漢字中廢棄。

燹　《說文解字》解釋爲“火也”；《正字通》解釋爲“兵火也”。這個字也不是現代通行的漢字，只有在讀上古詩文時才會遇到。

這一類字非常多，例如《辭海》“鬲”部共領十字，幾乎都是“死”字：鬲、鬳、䰬、鬵、鬷、鬺、鬸、鬻、鬻。“鬼”部中的鬿、䰲、魊、魌、䰫、魕、魖、魙、䛼；“鼓”部下的篕、鼖、鼗、鼛、鼘、鼜、鼙、鼚、鼕、鼞、鼝等等也很少流通了。一部字典號稱收字多少萬，其實大部分是這樣一些“死字”。五六萬漢字或七八萬漢字大約有百分之八十在現代生活中已經歸於無用了；剩下的百分之二十，其中還幾乎一半是不常用的字。

要限制和減少漢字的總數，就要做選擇常用漢字、次常用漢字的工作。這個工作開創得很早，一千八百年以前的三國時代就開始有人編寫《千字文》，爲學童提供常用字課本。近代"千字課"一類的書越來越多，每本字數大致一千以上、兩千以下。一九五二年，中央人民政府教育部公佈《常用字表》，內收常用字一千零十個，次常用字四百九十個，共計常用字一千五百個；此外選定補充常用字五百個，合成二千常用字。掌握二千常用字，大致可以讀通一般性的通俗讀物。一九八八年，國家語言文字工作委員會、國家教育委員會發佈《現代漢語常用字表》，該字表收常用字二千五百個、次常用字一千個。

進一步的要求是三千七百五十五個常用字與三千零八個次常用字（包括部首）共六千七百六十三個常用、次常用字。北京技術標準出版社一九八一年出版國家標準《信息交換用漢字編碼字符集·基本集（GB2312—80）》，其中所列"第一級字"即我們說的"常用字"，"第二級字"即"次常用字"。

整理漢字的工作還包括明確規定每個字的字形標準，使印刷體與手寫楷體基本統一。例如“言　言”、“音　音”第一筆，宋體的筆畫是“横點”，手寫體爲“點”，可以劃一爲“點”而廢棄“横點”。又如“畱　留”、“褏　袞”、“社　社”、“靑　青”、“益　益”、“眞　真”等等，都可以統一爲手寫楷體的形式。再如“匕”用作“化、叱”的構件，“匕”則用於“比、匙、頃、北、此、疑、旨、它、尼、蛇”等字；“己”用於“記、忌、紀、起、屺、配、妃”等等，“巳”則作“祀、汜、包、巷、撰”等字的部件。至於“申 申 申 中”（見《康熙字典》）之類字形分歧的現象，更有必要以手寫楷體爲準加以規範。一九六五年一月，中華人民共和國文化部與中國文字改革委員會聯合發佈《印刷通用漢字字形表》，共收常用的印刷宋體字六千一百九十六個，可作參考。

# 淘汰異體　減輕負擔

整理漢字要做的工作還有淘汰異體。何謂異體？異體字是讀音相同、意義相同而書寫形式不同的字，也就是同一個字的不同寫法。例如“夠”與“够”兩個字互爲異體。漢字的異體字很多，徒然增加學字人的負擔。從諸形體中找出一個作爲規範（即“正字”），勢必能收減少字數之效；同時，選作正字的通常是筆畫最簡、寫法最易的字，所以淘汰異體又可起簡化筆畫的作用。

漢字的異體現象古已有之，例如甲骨文的“羊”字至少有 等十幾種寫法；金文的“鬲”字可以寫作 ；小篆的“惕”分別寫成 、（悐）；隸書的“禮”字有禮禮礼。漢字發展到現代，異體字的數量更加龐大。據統計，在一萬個通用漢字中，異體字大約有兩千個。

異體字是對正字而言，舊時又稱俗字、或字、古字。例如《辭海》解釋"韤"字：

韤　或作韈、襪、袜、絉。足衣也，見《說文》。

韈　韤或字，見《集韻》。

襪　本作韤、或作韈、韎、絉、袜。足衣也。

袜　同襪，足衣也，見《集韻》。

絉　同襪。

從以上註釋可見，若以《說文》爲準，"韤"是正字，其餘均爲異體字；若按後來的標準，"襪"爲正字，本作"韤"；若按現代標準，則以"袜"爲正字，其餘均在廢棄之列。

異體字通常比正字簡單易寫，是在文字的運用過程中對原有字的改良。韤字一變爲韈，再變爲襪，最後變成袜，就能生動地說明這一點。而"正體"與"異體"在不同的時期有不同的標準。筆畫簡單、書寫便捷、表音表義作用比較明顯的異體常常取代正字，而使原有的正字退居異體。

以現代漢字的情形看，常以筆畫簡單的字爲正字，例如：

| | |
|---|---|
| 吝恡 | 以吝爲正字。 |
| 炒𩰲 | 以炒爲正字。 |
| 煮鬻 | 以煮爲正字。 |
| 雷靁 | 以雷爲正字。 |
| 集雧 | 以集爲正字。 |

岩巖　　以岩爲正字。

粗觕麤　　以粗爲正字。

常以書寫便捷的字爲正字，例如：

冰氷　　以冰爲正字。

鞍鞌　　以鞍爲正字。

坪[illegible]　　以坪爲正字。

粘黏　　以粘爲正字。

糕餻　　以糕爲正字。

裙帬裠　　以裙爲正字。

揪揫[illegible][illegible]　　以揪爲正字。

常以表音作用比較明顯的字爲正字，例如：

玳瑇　　以玳爲正字。

仇讎　　以仇爲正字。

鈎鉤　　以鈎爲正字。

瑰瓌　　以瑰爲正字。

筒筩　　以筒爲正字。

搗擣　　以搗爲正字。

蛔蛕蚘　　以蛔爲正字。

萱萲[illegible]藼蕿　　以萱爲正字。

常以表義作用比較明顯的字爲正字，例如：

唇脣　　以唇爲正字。

遍徧　　以遍爲正字。

猫貓　　以猫爲正字。

| | |
|---|---|
| 堤隄 | 以堤爲正字。 |
| 甏㽅 | 以甏爲正字。 |
| 侄姪 | 以侄爲正字。 |
| 拓搨 | 以拓爲正字。 |
| 艳艷豔豓 | 以艳(艷)爲正字。 |

異體字與簡體字有時不易分辨，其實也沒有分辨得十分清楚的必要。許多異體字的產生是因爲正體字筆畫繁雜、形體不夠清晰、表音表義作用不甚明顯，有人便另造一個新字臨時代替它，久而久之，約定俗成，這些新字被大家接受了，於是取得異體字的資格。這些臨時替換正字地位的新字，通常筆畫比較簡單，表音表義作用比較明顯。因此，異體與簡體之間很難截然分開。例如"礼"字，《辭海》註釋爲"古禮字，見《玉篇》"；古文作礼，是六國文字；漢碑孔耽神祠碑及鄭固碑寫作礼。"礼"字是古字無疑，而古字是異體字的一種。可是現行《異體字整理表》中沒有這個字，這個字却出現在《簡化字總表》中，認爲它是一個簡化字。由此可見，異體與簡體是不易區別的。我們沒有必要糾纏在文字學的概念分辨上，大可認爲只要是筆畫簡單的字對筆畫繁多的字而言就是簡化字。例如儘管"云"字早於"雲"字，但"云"是"雲"的簡化字。

“異體”對“正體”而言，“異體”其實是“正體”之外的一些“古字”、“俗字”、“草書”或“當代流行的新字”。現在的問題是，倘若“異體”的筆畫較“正體”爲簡，而且筆畫簡的異體又已爲大衆喜聞樂見（或者說已爲大衆“喜見樂用”），那麼不妨將異體“扶正”，以收使用簡捷的效果。“異體”與“正體”是個歷史的概念。舊時的異體可能轉化爲正體了，而正體也可能演變成異體。其間的取捨在乎大衆的“喜見樂用”。

今日社會流行的簡化字（包括手寫體與印刷體）正是舊時的異體——古字、俗字、草書和新創的筆畫較簡的字。細別之，簡化字從來源看有四種情形。

**第一，來源於古字**。例如：丰（豐）、云（雲）、洒（灑）、电（電）、礼（禮）、从（從）、尔（爾）、无（無）、才（纔）、兽（獸）、网（網）、众（衆）、万（萬）。

**第二，來源於俗字**。例如：体（體）、声（聲）、头（頭）、灯（燈）、乱（亂）、双（雙）、医（醫）、冲（沖）、灶（竈）、对（對）、怀（懷）、耻（恥）、沪（滬）。

**第三，來源於草書**。例如：东（東）、专（專）、书（書）、长（長）、尽（盡）、发（發）、罢（罷）、为（爲）、兴（興）、养（養）、应（應）、会（會）、寿（壽）。

**第四，來源於當代流行的新字**。例如：
灭（滅）、丛（叢）、护（護）、圣（聖）、历（歷、曆）、压（壓）、类（類）、斗（鬥）、干（乾、幹）、运（運）、态（態）、巩（鞏）、选（選）、惊（驚）、开（開）、奋（奮）。

從簡化字的四種來源看，簡化字有深遠的歷史淵源與深厚的社會基礎，不是個別人想怎樣簡化就能怎樣簡化的。簡化字之所以能被社會人士接受，有一個約定俗成的過程。已經流通開了的簡化字，任何人想要改變都是無能爲力的；如果硬要堅持最原始的寫法，那就無異於作繭自縛，把自己關在象牙之塔裏。沒有流通開的簡化字，任何人想要讓它通行也都是辦不到的；如果硬要使用大家不懂的字形，那也無異於孤芳自賞，自外於人羣。

淘汰異體是漢字簡化工作的一項內容。這項工作的主要目的是通過廢棄異體使漢字的總字數得到精簡；同時選擇筆畫簡易、形體鮮明的字爲正字，這些字通常是簡化字；這就能起到給簡化字以正體地位的作用。無疑，這樣必定會減輕學字、用字人的負擔。

今從《第一批異體字整理表》中摘錄一部分被廢除的異體字:

| 呆〔獃〕 | 耻〔恥〕 | 朵〔朶〕 | 〔蹟〕 | 况〔況〕 |
|---|---|---|---|---|
| 〔騃〕 | 仇〔讎〕 | 峨〔峩〕 | 奸〔姦〕 | 坤〔堃〕 |
| 庵〔菴〕 | 〔讐〕 | 罰〔罸〕 | 剪〔翦〕 | 昆〔崑〕 |
| 杯〔盃〕 | 床〔牀〕 | 珐〔琺〕 | 劍〔劒〕 | 〔崐〕 |
| 〔桮〕 | 捶〔搥〕 | 峰〔峯〕 | 僵〔殭〕 | 捆〔綑〕 |
| 背〔揹〕 | 棰〔箠〕 | 佛〔彿〕 | 脚〔腳〕 | 闊〔濶〕 |
| 綳〔繃〕 | 錘〔鎚〕 | 〔髴〕 | 叫〔呌〕 | 琅〔瑯〕 |
| 秘〔祕〕 | 匆〔悤〕 | 杆〔桿〕 | 劫〔刼〕 | 泪〔淚〕 |
| 痹〔痺〕 | 〔怱〕 | 扛〔摃〕 | 〔刧〕 | 楞〔愣〕 |
| 遍〔徧〕 | 凑〔湊〕 | 杠〔槓〕 | 〔刦〕 | 犁〔犂〕 |
| 冰〔氷〕 | 篡〔簒〕 | 皋〔臯〕 | 杰〔傑〕 | 梨〔棃〕 |
| 并〔併〕 | 村〔邨〕 | 〔皐〕 | 捷〔㨗〕 | 裏〔裡〕 |
| 〔並〕 | 耽〔躭〕 | 鈎〔鉤〕 | 晋〔晉〕 | 梁〔樑〕 |
| 〔竝〕 | 淡〔澹〕 | 够〔夠〕 | 徑〔逕〕 | 凉〔涼〕 |
| 布〔佈〕 | 蕩〔盪〕 | 雇〔僱〕 | 炯〔烱〕 | 略〔畧〕 |
| 采〔寀〕 | 搗〔擣〕 | 挂〔掛〕 | 迥〔逈〕 | 脉〔脈〕 |
| 〔採〕 | 凳〔櫈〕 | 〔罣〕 | 韭〔韮〕 | 〔衇〕 |
| 厠〔廁〕 | 雕〔彫〕 | 果〔菓〕 | 局〔侷〕 | 〔䘑〕 |
| 册〔冊〕 | 〔鵰〕 | 蚝〔蠔〕 | 〔跼〕 | 你〔妳〕 |
| 鏟〔剷〕 | 〔凋〕 | 呵〔訶〕 | 决〔決〕 | 粘〔黏〕 |
| 〔剗〕 | 〔琱〕 | 恒〔恆〕 | 考〔攷〕 | 念〔唸〕 |
| 場〔塲〕 | 吊〔弔〕 | 嘩〔譁〕 | 扣〔釦〕 | 娘〔孃〕 |
| 痴〔癡〕 | 睹〔覩〕 | 晃〔㨪〕 | 褲〔袴〕 | 捏〔揑〕 |
| 吃〔喫〕 | 妒〔妬〕 | 迹〔跡〕 | 款〔欵〕 | 炮〔砲〕 |

〔礮〕
匹〔疋〕
鋪〔舖〕
栖〔棲〕
凄〔淒〕
〔悽〕
旗〔旂〕
弃〔棄〕
羌〔羗〕
〔𦍋〕
丘〔坵〕
〔邱〕
却〔卻〕
〔郄〕
群〔羣〕
繞〔遶〕
冗〔宂〕
軟〔輭〕

升〔陞〕
〔昇〕
尸〔屍〕
虱〔蝨〕
飧〔飱〕
笋〔筍〕
它〔牠〕
碗〔盌〕
〔椀〕
〔㼝〕
污〔汙〕
〔汚〕
厦〔廈〕
弦〔絃〕
閑〔閒〕
綫〔線〕
厢〔廂〕
效〔効〕

〔傚〕
蝎〔蠍〕
携〔攜〕
〔擕〕
〔㩗〕
〔攜〕
幸〔倖〕
凶〔兇〕
汹〔洶〕
修〔脩〕
綉〔繡〕
叙〔敘〕
〔敍〕
勛〔勳〕
烟〔煙〕
〔菸〕
胭〔臙〕
岩〔巗〕

〔巖〕
〔嵒〕
宴〔讌〕
〔醼〕
咽〔嚥〕
驗〔騐〕
焰〔燄〕
异〔異〕
咏〔詠〕
涌〔湧〕
游〔遊〕
于〔於〕
逾〔踰〕
欲〔慾〕
冤〔寃〕
〔冤〕
岳〔嶽〕
韵〔韻〕

灾〔災〕
〔烖〕
〔菑〕
贊〔賛〕
〔讚〕
噪〔譟〕
扎〔紮〕
〔紥〕
占〔佔〕
侄〔姪〕
〔妷〕
志〔誌〕
周〔週〕
猪〔豬〕
注〔註〕
踪〔蹤〕

# 造字方法　繁簡相通

前面說了漢字簡化的第一項內容——減少字數；這裏再說第二項內容——簡化筆畫。在講筆畫簡化之前，應該約略談談漢字的造字方法。因爲無論繁體還是簡體，都有一定的造字方法，而且簡體並非對繁體作文字制度的改革，繁體漢字是表意文字，簡化漢字也是表意文字，所以兩者的結構方式是相通的。

中國文字學將漢字的造字方法歸納爲六種，即所謂“六書”。

1. 象形　描繪實物形貌，或用比較簡單的綫條描擬事物輪廓的造字方法。例如下列各字的古形體（甲骨文、金文、小篆）都有圖畫的痕迹。

牛：甲骨　　金文

馬：甲骨 　　金文

鳥：甲骨　　小篆

鼎：甲骨 　　小篆

2. 指事　在象形字上加以指示性符號，表示比較概括的事物。例如：

凶：小篆 。 象低窪的地方，×是指示性符號，指出此處危險。

甘：小篆 。 就是"口"，一是指示性符號，指出口中含着甜品。

刄：小篆 。 就是"刀"，\是指示性符號，指出刀鋒之所在。

血：小篆 。 就是"皿"，一是指示性符號，指出皿中盛的是"血"。

3. 會意　組結兩個或兩個以上象形字，取其會合出來的新義。例如

采：甲骨文 ，以"爪"與"木"兩個象形字組成，其會合意是用手採摘。

竄：以"穴"、"鼠"二字組成。"鼠"在"穴"中，表示"逃竄"的意思。

則：金文 ，由"鼎"和"刀"二字組成，"刀"在"鼎"上刻字，所刻之字即章"則"、法"則"。

盥：小篆 ，由"皿"、"水"及兩隻"手"組成。"皿"中有"水"，兩隻"手"在水中洗，是爲"盥"。

4. 形聲　由形符和聲符兩部分組成，形符表示字的意義範疇，聲符表示字的讀音範疇。例如：

斧：由形符“斤”和聲符“父”組成。“斤”甲骨文，象斧子形，“斤”就是“斧”，後來給“斤”加上聲符“父”，使整個字的讀音更明顯。

切：由形符“刀”和聲符“七”組成。“切”的本義是用“刀”切開，“七”是“切”的近似音。“⿰土刀”是錯字，因爲“土”不知作何解。

膏：由形符“肉”和聲符“高”組成。“膏”的本義是“脂肪”。《說文解字》：“膏，肥也。從肉，高聲。”

暫：由形符“日”與聲符“斬”組成。“暫”與時間有關，《廣雅・釋詁》：“暫，猝也。”義指“倉猝”或“突然”；現在表示“暫時”，都和時間有關，所以以“日”作形符。

5. 轉注　爲同一語源派生的新詞製造出來的新字，也可以通俗地理解爲一組（至少兩個）有親屬關係的字。轉注字的嚴格尺度是：字義相關，字音相通，字形亦有相同的部分。字義相關，是指可以相互爲注；字音相通，是指相互爲注的字或者聲母同類，或者韻母同類；字形有相同部分則多指同用一個形符。如果放寬尺度，則音、形毫無關聯的字都是轉注字，那就不是文字現象而是詞彙現象了。轉注字在漢字總量中比重很小，一般文字學著作只能舉出少量的例子。《說文解字叙》舉"老考"是一組轉注字。"老考"何以是轉注字？因爲此時此地有lao這個詞，相應地有"老"這個字；彼時彼地又有kao那個詞，相應地有了"考"那個字。從字形上看，"老考"二字只是下部轉折的方向相反，整個字形的聯繫顯而易見。從字音上看，"老，盧皓切。幽韻，來母，上聲"；"考，苦浩切。幽韻，溪母，上聲"。這兩個字韻同、調同，聲母l、k也有淵源：讀l的字常可讀k，例如"洛、路"的聲母是l，"客、恪"的聲母是k，聲符却都是"各"；"老""考"聲母分別爲l、k，其實也是有關聯的。從字義上看，"老，考也"；"考，老也"。（《說文解字》）

"顚"、"頂"也是一組轉注字。此二字形符都是"頁"，聲符"眞""丁"亦有關聯。今時讀zh、ch的字古時讀d、t。"眞"今讀zh，古讀d。這可從"鎭嗔"與"滇塡"同以"眞"爲聲符得到證明：“鎮嗔”的聲母是zh、ch，“滇塡”的聲母是d、t，但它們的聲符同爲“眞”。在字義上，“凡最上者曰顚”，“凡在最上者曰頂”，“顚，頂也。”

方言之間的對應是轉注字產生的主要原因。例如現代北京話有個“甭”（béng）字，西北方言有個“嫑”（bóu）字。西北人不識“甭”，你可教他：“甭”就是西北方言的“嫑”；北京人不識“嫑”，你可告他：“嫑”就是北京話的“甭”。“甭”“嫑”構字方式相當，字義相通，字音關聯，它們就是一組轉注字；甚至其他方言字“覅”（fiào）、“甮”（fèng）都可加入到這組轉注字的系列。

6. 假借　借用同音字叫假借；被借的字叫假借字。例如“萬”字原象蠍子形，甲骨爲，金文爲，小篆爲；後來被借去表示“百千萬”的“萬”。

有兩種假借。一種是全部借走了，喧賓奪主，被借字只具新義而不再負荷原義。例如“萬”被借去作數詞，不再有“蠍子”的意思；又如“而”字，本義是“頰毛也，象毛之形。”（《說文解字》）後被借去表示第二人稱代詞、連詞等，原來的“頰毛”義已不復存在。

另一種假借是被借字新舊兩義並存，這種字是同字形、同字音而不同字義的字，即同形同音異義字，也就是同音字。例如“戚”，金文作 𢦏，本義是兵器中的大斧；後來被借走作“親戚”的“戚”，“憂戚”的“戚”。現在親戚之“戚”與憂戚之“戚”常用，古詞語“戚揚”（作“斧鉞”解）也偶爾得見，說明一個假借字的諸義並存。

文字學著作又分假借爲“本無其字”與“本有其字”兩類。“萬”和“戚”都是“本無其字”的假借；“本有其字”的假借有些是“別字”的習非成是，有些是爲了表音明顯、書寫便捷或者風格典雅等目的而“故意”寫的“別字”。既然是“故意”寫的，就不該是別字，而是“同音替代字”。例如“旦日不可不蚤自來謝項王”（《史記·項羽本紀》）中的“蚤”是“早”的“別字”；“寡助之至，親戚畔之”（《孟子·公孫丑下》）中的“畔”是“叛”的“別字”；“翔實”的“翔”、“請柬”的“柬”、“天方夜譚”的“譚”分別是“詳”、“簡”、“談”的“別字”。古時“本有其字”的假借字很多，多到如果不能鑑別難以讀古書的地步。例如“透迤”在古書中有幾十種寫法：委蛇、蝼蛇、委佗、遺蛇、委它、倭遲、逶夷、威夷、威移、威遲、郁夷、禕隋、禕它、倭他、委移、歸邪、隝陭、委陀、委俠、委維、委隨、摩匜、逶迱、蟡虵、踒跑、蛾虵等。

文字學家認爲“本無其字”的假借是造字的假借，“本有其字”的假借是用字的假借。前者屬於“六書”，後者稱爲“通假”，兩者應該區分開來。

傳統的六書造字法與現時簡化字造字法有相通之處，因爲簡化字並沒有對原來的漢字制度作徹底改革，只不過是以書寫便捷與强化表音爲目標，對原有漢字的筆畫和結構作有限度的調整。簡化字與繁體字相比，在結構方式上既有繼承也有創新，所繼承的正是六書傳統，特别是六書中的形聲和假借。

一、採取形聲法造就簡化字有幾種情形，例如：

1. 新形聲字取代舊形聲字：

脏（髒臟）以“脏”替代“髒”即屬新形聲取代舊形聲。新形聲字的形符是月，聲符是庄。

帮　（幫）　形符是巾，聲符是邦。

护　（護）　形符是提手，聲符是戶。

霉　（黴）　形符是雨，聲符是每。

吁　（籲）　形符是口，聲符是于。

响　（響）　形符是口，聲符是向。

惊　（驚）　形符是豎心，聲符是京。

冲　（衝）　形符是兩點水，聲符是中。

迹　（蹟）　形符是走之，聲符是亦。

伙　（夥）　形符是人，聲符是火。

2.改換聲符　即用表音比較明確、筆畫比較簡單的聲符取代原聲符：

胶　（膠）　聲符改爲交。

惧　（懼）　聲符改爲具。

拥　（擁）　聲符改爲用。

阶　（階）　聲符改爲介。

递　（遞）　聲符改爲弟。

础　（礎）　聲符改爲出。

邻　（鄰）　聲符改爲令。

钻　（鑽）　聲符改爲占。

胆　（膽）　聲符改爲旦。

歼　（殲）　聲符改爲千。

3.改換形符　即用表義比較通俗、筆畫比較簡單的形符取代原形符：

肮　（骯）　形符改爲月（肉）。

愿　（願）　形符改爲心。

猫　（貓）　形符改爲犬。

猪　（豬）　形符改爲犬。

炮　（砲）　形符改爲火。

粘　（黏）　形符改爲米。

焰　（燄）　形符改爲火。

叙　（敍）　形符改爲又。

恤　（卹）　形符改爲豎心。

其餘還有改別的造字法爲形聲法，例如：

窜　（竄）　原字“竄”是會意字，取“鼠在穴中”即“隱匿”、“逃竄”的意思。簡化字“窜”則以“穴”爲形符，“串”爲聲符，形成一個形聲字。

忧　（憂）　“憂”在《說文解字》裏作“㥑”，解爲“愁也，從心從頁”；注：“徐鍇曰：㥑，形於顏面，故從頁。於求切。”可見“憂”是會意字。簡化字“忧”從“忄”，“尤”聲，是個形聲字。

毕　（畢）　原字“畢”是會意字，甲骨文　或　，金文　或　，甲骨文上端像網形，長柄，後來加上“田”

字頭，表示田獵所用的網。簡化字“毕”以“比”爲聲符，以“十”爲象徵性形符，形成一個形聲字。

港澳地區流行的簡化字也有許多是形聲法構成的形聲字，例如：

袂　（褲）　形符是衣，聲符是夫。這個具有粵方言特色的簡化字很受港澳人歡迎，在港澳社會甚爲流通，許多報章都出現印刷體的袂字。

咭　（卡）　原字由上下兩字構成，取其“上下之間”即爲“卡”的意思，是個會意字。“咭”以口爲形符，以吉爲聲符，符合粵方言的音值，是個十分通行的簡化字。“信用咭”、“銀行咭”、“聖誕咭”、“九折咭”、“一咭傍身，世界通行”，……“咭”字流通面甚廣。

其他如“哈”（零）、“蚧”（蟹）等等也都是用形聲法創造的簡化字。

二、採取假借法造就簡化字方式簡單，數量很大，例如：

1. 同音假借　用筆畫少的字取代一個或幾個同音或近音的繁體字。所謂“取代”，通常是“兼代”，即筆畫少的字既保留自己本身的字義，還表示被代字的字義。“干”既保留“干支”、“干戈”的“干”義，又表示“乾燥”、“幹事”的“乾”義與“幹”義。同音假借可收簡化形體、精簡字數以及增加表音作用等多方面的效果。同音假借的簡化字如:

板(闆)、别(彆)、卜(蔔)、丑(醜)、出（齣）、斗(鬥)、范(範)、谷(穀)、刮(颳)、后（後）、划(劃)、几(幾)、姜(薑)、借(藉)、面（麪）、千(韆)、沈(瀋)、台(臺檯颱)、郁(鬱)、只（隻衹）。

2.保留聲符，删除形符　被保留的聲符是可以獨立成字的。因爲這類聲符可以獨立成字，所以可以視之爲同音字的假借；但是它們是形聲字的聲符，所以又可視作摘取了形聲字的聲符。如:

表(錶)、冬(鼕)、合(閤)、胡(鬍)、回（迴）、家(傢)、克(剋)、困(睏)、里(裏)、蒙(矇濛懞)、蔑(衊)、辟(闢)、秋(鞦)、曲（麯）、舍(捨)、松(鬆)、涂(塗)、系(係繫)、咸(鹹)、向(嚮)、須(鬚)、旋(鏇)、余(餘)、御（禦）、致(緻)、制(製)、种(種)、朱(硃)、筑（築）、准(準)。

用假借法造就簡化字有寬、嚴兩式。嚴式的假借要求借來的字與被取代的字完全同音，如

“板”（借來的字）與“闆”（被取代的字）、“丑”與“醜”、“后”與“後”。寬式的假借要求借來的字與被取代的字在語音上大致相當，尤其不理聲調的差異，如以“斗”代“鬥”、以“只”代“隻”等。

富有港澳地區特色的簡化字很多是取假借途徑形成的，例如酒樓的菜譜將“椒鹽”的“椒”寫作“召”，報紙廣告將“時裝”的“裝”寫作“庄”。

形聲法、假借法是傳統造字的主要方法，也是簡化字造字的主要方法。現時漢字對傳統漢字的繼承，簡化字與繁體字的關聯，由此可以看得很明顯了。

此外，簡化字也不排斥形聲、假借以外的造字法，例如採取指事、會意法的簡化字有：

灭（滅） 原字“滅”是會意字，《說文解字》：“烕，滅也。從火戌。火死於戌，陽氣至戌而盡。”意指戌時（晚上七時至九時）無日光亦少炊烟，屬火滅的時候。後來加水旁，意思更清楚了。簡化字“火”上的“一”表示覆蓋物，“灭”可視作指事字或會意字。

帘（簾）“巾”遮攔“穴”（門窗）為“帘”，會意。

体（體）“人”之“本”為“体”，會意。

灶（竈）“土”製生“火”設備為“灶”，會意。

尘（塵）“小”“土”為“尘”，會意。

泪（淚）“目”中之“水”為“泪”，會意。

众（衆）三“人”為“衆”，會意。

阳（陽）“阜”與地形地勢有關，“日”是太陽，紅日高照，“高明也”。《説文解字》：“陽，高明也。”“陽”是形聲字，“阳”是會意字。

# 分析構件　適當類推

“六書”是漢字造字的六種方法，是在社會上已經有了大量漢字之後，由文字學家歸納出來的。不是先有“六書”而後才有漢字。事實上“六書”不能涵蓋所有漢字，例如“嘏”字，“叚”“古”兩個構件都是聲符，因爲“叚”字失去了表音作用，於是再加一個表音的構件“古”。簡化字的形成更不是“六書”所能概括的。“六書”之外，簡化字還採取其他造字方法，例如:

一、省略原字構件

1. 省左邊: 务（務）、亏（虧）、表（錶）、夸（誇）、舍（捨）、咸（鹹）、困（睏）、隶（隸）、卷（捲）、余（餘）。
2. 省右邊: 号（號）、类（類）、粜（糶）、虽（雖）、杀（殺）、亲（親）、壳（殼）、启（啟）、亩（畝）、乡（鄉）。
3. 省上邊: 云（雲）、电（電）、松（鬆）、系（繫）、么（麼）、冬（鼕）、处（處）、币（幣）、洼（窪）、向（嚮）。

4. 省下邊：丽（麗）、业（業）、制（製）、准（準）、涂（塗）、御（禦）、巩（鞏）、筑（築）、尸（屍）。

5. 省上下：里（裏）。

6. 省左右：术（術）。

7. 省裏面：广（廣）、厂（廠）、气（氣）。

8. 省外面：开（開）、辟（闢）、回（迴）。

9. 省中間：奋（奮）、宁（寧）、寻（尋）、疟（瘧）、虑（慮）、粪（糞）。

10. 省一角：恳（懇省左上角）。

爷（爺省左下角）。

盘（盤省右上角）。

涌（湧省右下角）。

11. 省二角：医（醫省右上角及下）。

宝（寶省中右角及下）。

从（從省左及右下角）。

12. 省三角：与（與省上外面及下）。

13. 省重複：竞（競省重複的竞）。

虫（蟲省重複的虫）。

涩（澀省重複的刃）。

14. 其他省略：丰（豐）、汇（滙）、卤（鹵）、灭（滅）、茧（繭）、烛（燭）、

齿（齒）、厌（厭）、飞（飛）、
习（習）。

二、保留原字輪廓

齐（齊）、尔（爾）、龟（龜）、
农（農）、尝（嘗）、变（變）、
当（當）、昼（晝）、马（馬）、
为（爲）、写（寫）、鸟（鳥）。

三、改用象徵符號

〔丶〕办（辦）、协（協）、苏（蘇）。
〔丷〕来（來）、丧（喪）、伞（傘）。
〔×〕冈（岡）、风（風）、区（區）。
〔又〕汉（漢）、仅（僅）、凤（鳳）、
邓（鄧）、劝（勸）、圣（聖）、
鸡（雞）、树（樹）、对（對）、
戏（戲）。
〔刂〕师（師）、归（歸）、帅（帥）。
〔‖〕旧（舊）、临（臨）、坚（堅）。
〔⺍〕学（學）、誉（譽）、兴（興）。
〔云〕尝（嘗）、偿（償）、层（層）、
坛（壇、罎）。

四、採取重文符號

〔⺀〕枣（棗）、搀（攙）。
〔又〕轰（轟）、聂（聶）。

簡化字是在社會成員的運用中逐步生長出來的，簡化的方法和簡化方法的適用範圍受着社會的制約。如同"六書"之與漢字的關係一樣，並不是先有簡化方法而後才有簡化字，而是先有簡化字而後才由文字學家歸納出簡化的方法。因此，斷不可對構件相同、結構相仿的繁體字作統一的簡化處理。例如不可因爲"遼療"簡作"辽疗"，於是"撩寮燎嘹僚鷯獠嫽繚潦憭"的構件"尞"也都要簡作"了"；又如不可看到"憶億"簡作"忆亿"，於是要求"癔薏鐿臆"的構件"意"也都簡作"乙"。一九七七年十二月二十日發表、一九八六年六月二十四日通知廢止的《第二次漢字簡化方案（草案）》的錯誤主要在於擴大了類推範圍，例如看到"躍"簡作"跃"，於是將"耀曜"的構件"翟"也簡作"夭"；看到"轟聶"簡作"轰聂"，於是將"磊"字下部的兩個"石"也簡作"又"。

有些簡化手法是可以類推的。可作類推的只限"簡化偏旁"。所謂"簡化偏旁"，是指一些簡化後的漢字和構件可以當作偏旁使用。並不是所有簡化後的漢字和構件都可當偏旁使用的，只有可以用作類推的簡化字和簡化構件才稱"簡化偏旁"。例如"长"是"長"的簡化字，凡有

“長”的都可以用“**长**”字替換，“倀悵帳張棖賬脹漲”可以換作“**伥怅帐张枨账胀涨**”。又如“几”是“幾”的簡體，“譏嘰饑機璣磯蟣”中的“幾”都可以簡化爲“几”。

掌握“簡化偏旁”是學習簡化字的捷徑。單個的簡化字，公佈多少就是多少，數量有限；偏旁簡化後却可以類推出一批簡化字。前面的“**长**”、“几”就是例證。

簡化偏旁有些可以獨立成字，有些不可以獨立成字。

可以獨立成字的簡化偏旁又叫做“可作簡化偏旁用的簡化字”，共一百三十二個。它們是：

几（幾）　万（萬）　与（與）
广（廣）　门（門）　义（義）
马（馬）　乡（鄉）　丰（豐）
无（無）　韦（韋）　专（專）
云（雲）　艺（藝）　历（歷曆）
区（區）　车（車）　冈（岡）
贝（貝）　见（見）　气（氣）
长（長）　从（從）　仑（侖）
仓（倉）　风（風）　乌（烏）
为（爲）　队（隊）　双（雙）
戋（戔）　节（節）　龙（龍）

东（東） 庐（廬） 业（業）
归（歸） 尔（爾） 乐（樂）
鸟（鳥） 刍（芻） 汇（滙彙）
宁（寧） 写（寫） 边（邊）
发（發髮） 圣（聖） 对（對）
动（動） 执（執） 亚（亞）
过（過） 厌（厭） 页（頁）
达（達） 夹（夾） 尧（堯）
毕（畢） 师（師） 当（當噹）
虫（蟲） 岁（歲） 岂（豈）
迁（遷） 乔（喬） 华（華）
会（會） 杀（殺） 刘（劉）
齐（齊） 产（產） 农（農）
寻（尋） 尽（盡儘） 孙（孫）
阴（陰） 买（買） 寿（壽）
麦（麥） 进（進） 壳（殼）
严（嚴） 两（兩） 丽（麗）
来（來） 卤（鹵滷） 时（時）
佥（僉） 龟（龜） 犹（猶）
条（條） 穷（窮） 灵（靈）
画（畫） 卖（賣） 齿（齒）
虏（虜） 国（國） 黾（黽）
质（質） 鱼（魚） 罗（羅）

备（備）　郑（鄭）　单（單）
审（審）　肃（肅）　录（錄）
参（參）　荐（薦）　带（帶）
尝（嘗）　将（將）　亲（親）
娄（婁）　举（舉）　聂（聶）
虑（慮）　监（監）　党（黨）
罢（罷）　笔（筆）　爱（愛）
离（離）　宾（賓）　难（難）
啬（嗇）　断（斷）　隐（隱）
窜（竄）　属（屬）　献（獻）

不可獨立成字的簡化偏旁乾脆就叫“簡化偏旁”，說明只是“偏旁”而不是“字”，共有十四個。它們是:

讠（言）　计（計）　谵（譫）　辩（辯）。
不作偏旁或置於字的下部時，“言”不簡化，如“谵”的右“言”，“訇”的內“言”，“煊”的右“言”和“誓”“詹”的下“言”。　“

饣（食）　饭（飯）　饼（餅）　饿（餓）。
字右、字下的“食”不簡，如“飧”“餐”。

𠃓（昜）　扬（揚）　杨（楊）　烫（燙）。
不是所有的“昜”都簡作“𠃓”，例

如“陽”簡作“阳”。

纟（糸） 红（紅） 给（給） 辫（辮）。

字右、字下的“糸”不簡，如“繇”“素”“纂”“縢”。“絲”簡作“丝”。

収（臤） 坚（堅） 肾（腎） 贤（賢）。

龷（𤇾） 荣（榮） 荧（熒） 营（營）。

𠂉（𥃭） 览（覽） 榄（欖） 揽（攬）。

只（戠） 织（織） 帜（幟） 职（職）。

但“只”不一定是“戠”，例如“枳咫”的“只”依然是“只”，“积”（積）中“只”代“責”。

钅（金） 钉（釘） 钓（釣） 锄（鋤）。

字下“金”不簡，如“鋈”“鎏”；“鑫”中三“金”俱不簡。

⺍（𦥯） 学（學） 觉（覺） 黉（黌）。

⺰（睪） 泽（澤） 择（擇） 译（譯）。

⺗（巠） 泾（涇） 劲（勁） 茎（莖）。

亦（䜌） 恋（戀） 栾（欒） 变（變）。

呙（咼） 祸（禍） 剐（剮） 窝（窩）。

上列“可作簡化偏旁用的簡化字”一百三十二個，“不可獨立成字的簡化偏旁”十四個，合共一百四十六個。由這一百四十六個簡化部件可以類推出一千七百五十三個簡化字。例如從“讠”

旁的簡化字就有：计订讣认（認）讥（譏）讦讶讧讨让（讓）讯讪议（議）讫训记讱讵（訏）访讲（講）讳（諱）讴（謳）讵讶讷论（論）讼讻许讹讽（諷）设诀评诐（諓）证（證）诂诃诅识（識）诇诎诊诈诉诡诉诋诌（謅）译（譯）诒词诐诏诧详诨（諢）诓诔试诖诗诘诙诚诡（譊）诠诛诜话诞诟诡询诣诤诩说涛（譸）诫诬语诮误诰诱诲诳诵谊谅谆谇谈请诸诹诺读（讀）诼诽诹课谂诿谁谀调谄谛谙谚谜谝谎谋谌谍谏谐谑谒谓谔谖谕谀谗（讒）谞谤谥谦谧谟谞谠（讜）谡谣谢谪谫谨谩谬谫（讔）谰（讕）谱谵谭谮谯谲谍谳（讞）谴谖谵谵（讛）谨谶等等。

可作類推的簡化字或簡化構件只限上述一百四十六個，其餘簡化字或簡化構件只可逐個記憶，不可使用類推手法。否則整個簡化字系統將會陷於混亂。例如：

"時"簡作"时"，不可因此將"詩"簡作"討"；

"雞"簡作"鸡"，不可因此將"溪"簡作"汉"（漢）；

"鄧"簡作"邓"，不可因此將"澄"簡作"汉"（漢）；

"僅"簡作"仅"，不可因此將"勤"簡作

“劝”（勸）；

“醞”簡作“酝”，不可因此將“溫”簡作“沄”。

文字是約定俗成的產物。文字的合理性只在大衆是否喜見樂用，不在是否合乎人爲的規限。

# 繁簡由之　有利無弊

漢字因社會交往的需要而由先民們創造出來，又在漫長的歷史歲月中不斷豐富完善，形成一個數量多、形體雜的龐大體系。爲了使用的便捷，古人對漢字的書寫制度與字形筆畫不斷地作出劃一與規範。從時間上看，今天能見到的最早有系統的字體是殷周兩代的甲骨文和金文，稍後相傳周宣王太史籀造籀文即大篆，其後是秦代的小篆和隸書，再後爲楷書。草書與行書不能算作字體發展的一個階段，這兩種字體是隸書和楷書的變通，屬於書寫實用或書法藝術的範疇。文字學家認爲甲骨文、金文、大篆、小篆屬古文字；隸、楷、草、行屬今文字。隸書是漢字書寫制度的轉捩點，它將小篆圓轉的筆法改變爲方折，由長方的結構改變爲扁平，自此從字形上再也看不到象形的痕跡；其後的楷書基本承襲了隸書的體勢，是一種減省了隸書“波磔之勢”的端端正正的書體。爲了識別各種字體的形貌，下面各舉一個例子。

甲骨文如:

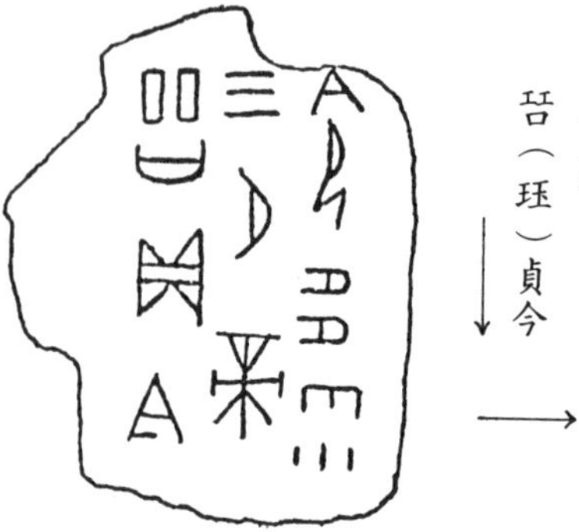

令多雨
三月帝
㕣（珏）貞今

金文如:

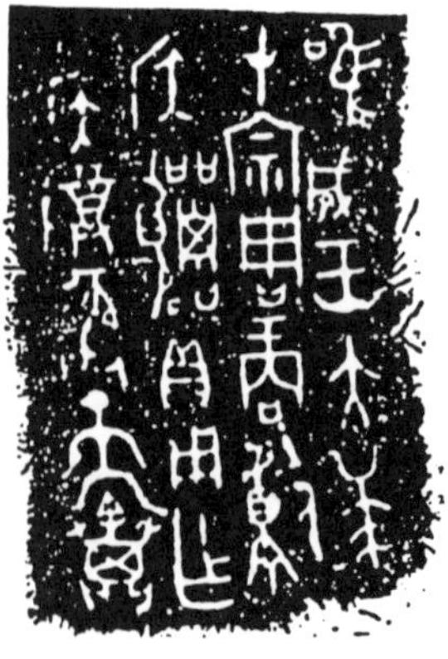

獻侯鼎

唯成王大桒
在宗周商獻
侯䪫貝用作
侯隫彝大黿

大篆如:

石鼓文

其⿰魚⿱丙丙(鯾)又(有)
鱄又(有)鮊

小篆如:

秦嶧山刻石

爭理功戰日作流
無萬數陀及五帝
一家天下兵不復
定利澤長久羣臣
經紀皇帝曰金石

漢隸如:

室世宗廓土斥竟
子孫遷于雍州之
郊分止右扶風或
在安定或處武都

曹全碑

楷書如:

天下為心者必致
王苟君臣同符斯
之志千載一遇也

王羲之 樂毅論

章草（隸書的草寫體）如:

史游　急就章

朝臣妄使令邊竟（境）無事中國
安寧百姓承德陰陽和平風
雨時節莫大茲（滋）榮蝗蟲不起
五穀熟成賢聖幷進博士先
生長樂無極老復丁

今草（從章草演變而來）如:

王羲之　遊目帖

多奇益令其遊目意足
也可得果當告卿求迎少
人足耳至時示意遲此
期眞以日爲歲想足下鎮

行書（介乎草、楷之間：草書的筆法，楷書的筆畫）如：

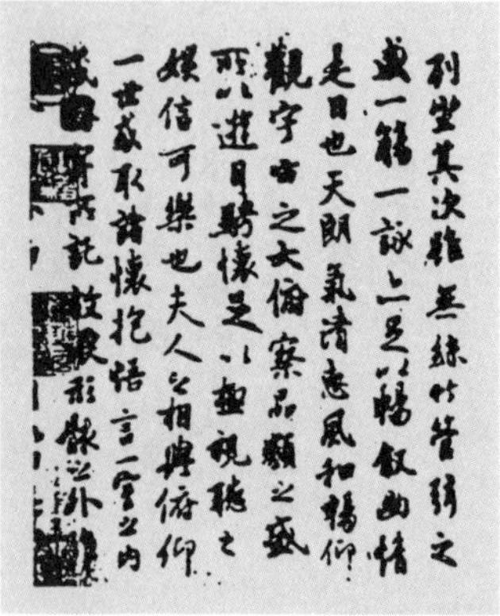

王羲之 蘭亭叙（馮承素摹本）

古今文字的不同表現在筆法上，也表現在筆畫的繁簡上，總的趨勢是棄繁就簡。例如“星”字甲骨文爲 ；金文將五顆星星減去兩顆，寫作 ；小篆再進一步減去兩顆星星，成爲 ；以後的隸書、草書、楷書依照簡化了的小篆形體分別寫成 星。

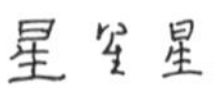

又如“圍”字也經歷了逐步簡化的過程。甲骨文的  字有四隻脚印，中間的小方塊表示城池或建築物，城池四周有脚印，意思就是“圍”。後來四隻脚印變成了三隻、兩隻（兩隻脚印的外面加一座大方城），寫爲： 。

甲骨文▢是一幅水中有魚羣的畫圖，▢則是一幅手執網捕魚的圖畫；金文少了三條魚却多了一隻手：▢；大篆沒有手與網，魚的數目爲兩條：▢；小篆僅留下一條魚，但魚的象形痕跡依然保存：▢。

"車"字甲骨文作▢▢▢▢▢，車輿都是兩個，而且有轅，有輪；金文也不簡單：▢，是甲骨文第五形的豎寫；後來簡化爲兩個車輪一個車輿：車。

兩個、三個甚至四個相同的構件簡剩一個的例子不少，例如：

霍，甲骨文是三個隹：▢小篆剩下兩個：▢，隸、楷只留剩一個：霍。

雷，金文是四個田：▢，大篆更複雜：▢，小篆▢，隸、楷只剩一個田：雷。

每一次字體變更而筆畫得到簡省的例子很多，特別是由籀文（大篆）轉變爲小篆時筆畫的省減尤其明顯。段玉裁說："凡籀文多緐（即"繁"）重，如靁靁，乃㢊，敗𢿱，宜𡧪，副疈，昔腊，員鼎，囿圞。"再如：

▢ ▢ 福 福 福

從空間看，不同地區形體相異的漢字亦有走向劃一的趨勢，而最終確定的規範通常是筆畫較簡、書寫較易或表音較强的那個字。例如春秋齊國的  ，蔡國的 ，徐國的 ，盧國的 ，秦國的 ，最後統作 （皇）；齊國的  ，楚國的  ，晋國的 ，徐國的 ，最後統作 （鑄）。現代文字的狀況也是如此。甲地將“蔬”字簡作“苏”（sh、s不分，如西南官話），乙地將“蔬”簡作“芙”或“苻”（shu、fu不分，如西北方言），最終確定的規範既不是“苏”，也不是“芙”或“苻”，“蔬”仍然是“蔬”，因爲不同地區的簡寫都不能正確表示普通話讀音。“藏”字情形亦如此，甲地將之簡作“芷”，乙地將之簡作“苂”，“芷”“苂”

的聲符都與“藏”音不符，所以“藏”仍然是“藏”，《第二次漢字簡化方案（草案）》將之簡作“芷”，結果還是被廢止了。再如“勝”字，甲地將之簡作“胜”，乙地將之簡作“胂”（eng、en不分，如上海方言），結果“胜”字得勝，因爲“生”音與“勝”音接近。

港澳地區漢字是與其他漢語社會的文字同步發展的。港澳地區的漢字亦在簡化，簡化字的數量相當可觀；而且更爲有趣的是，這些字的簡化方法與其他地方（中國大陸、台灣、新加坡）大同小異。這種現象說明漢字的構造方法歸於六書，而以六書中的“形聲”爲主，“假借”次之；通行於不同地區的簡體字亦都不約而同地以六書爲依據，故在形體上呈現出異曲同工之妙。不可否認，不同地區的簡體字相互滲透；但甲地的簡化形體能被乙地採納，說明大家運用漢字的簡化方法具有潛在的共同心理。在港澳街頭巷尾，手寫的簡體字俯拾皆是。例如“羔蚧”（膏蟹）“双尤”（雙魷）“龙利”（龍脷）“召盐虾”（椒鹽蝦）等等，其中“蚧虾”用的是形聲法，“尤召”用的是假借法。“袂”是一個最具港澳方言特色的簡化字。粵語的“庫”與“夫”同音（不同聲調），“褲”字簡作“袂”用的是形聲法，而其聲符表現了粵方言的語音特點。

港澳社會流通着數以百計的簡體字。手寫的簡體字特別多，我們姑且不論；即便是鉛字排版的印刷品，簡體字的數量也是可觀的。下面從報章上摘取一些例子。

| | |
|---|---|
| 台証$80 | （臺證） |
| 晒版 | （曬） |
| 帳稅 | （賬） |
| 呤件 | （零） |
| 帮助 | （幫） |
| 宣布 | （佈） |
| 坟墓 | （墳） |
| 石英表 | （錶） |
| 尼龍袜 | （襪） |
| 咸牛肉 | （鹹） |
| 盛大献映 | （獻） |
| 燒腊飯店 | （臘） |
| 聯系機構 | （繫） |
| 打蜡工人 | （蠟） |
| 認罪退賍 | （贓） |
| 原庄版本 | （裝） |
| 瀟洒賭王 | （灑） |
| 大學失窃 | （竊） |

流膿痒痛　（癢）
耀記蝗油庄　（莊）
制造和銷售　（製）
黑人中堅自荐　（薦）
每戶售粮四噸　（糧）
九七問題冲擊　（衝）
他們是胡塗虫　（蟲）
酒樓伙記太殷勤　（夥慇懃）
綉花枕頭套百多元一個　（繡）
扮演了一個不光采的角色　（彩）
恒隆事件影响拆息漲至23厘　（響釐）
西德宝富丽冬暖夏凉双面床褥（寶麗雙牀）

漢字在悠長的時間與廣大的空間流通，不同時代、不同地區的民衆根據所處環境的交際需要創造出許多各具特色的形體（其中包括各具特色的簡體字，如上述“苏芙苻芏芆胜胂”）。積累到一定時候，就需要作一次清理和調整。荀子說：“好書者衆，而倉頡獨傳者一也。”上古時代的倉頡就是對漢字作清理和調整工作的第一人。而“罷其不與秦文合者”並作《倉頡篇》的李斯，也是一位清理與調整漢字有功的人物。秦代的程邈雖然不是發明隸書的英雄，但他清理與調整隸字的功勞不可磨滅。唐初顏元孫作《干祿字書》，收錄了不少"俗字",並對"俗字"的實用價值加以肯定。他說:"所謂俗者,例皆淺近,唯籍帳、文案、卷契、藥方,非涉雅言,用亦無爽。"唐宋以來,"俗字"的清理和調整成爲文字學的研究課題之一。後於《干祿字書》的《五經文字》(張參)、《九經字樣》(唐玄度)都主張不要過分拘泥於"正體"。近人劉復、李家瑞合編《宋元以來俗字譜》,收集宋、元、明、清四代的簡體字;現在內地行用的簡化字約有一半與之相同或相近。清末的"切音字運動"更是一場聲勢浩大的文字整理運動。切音字的倡導者們認爲:"造成爲字以來,至今已有四千五百餘年之遙,字體代變",字形亦"皆趨易避難"(盧戇章《中國第一快切音新字原序》);康有爲在戊戌變法前亦認爲"凡文字之先必繁,其變也必簡,……此天理之自然也"(《新學僞經考》);沈學則主張一切都"以變通爲懷",而"以變通文字爲最先"。(《盛世元音自序》)他們將文字問題與國家的富强聯繫在一起考慮,希望"造出新字,當那富强藥方的本草"。(陳虬《新字甌文學堂開學演說》)切音字運動的參予者不僅主張漢字簡化,而且主張漢字拼音化,甚而走向廢除漢字漢語、改用"萬國新語"的極端。章太炎在《駁中國用萬國新語說》中嚴厲批評“萬國新語”說不過是“季世學者好尚奇觚，震懾於白人侈大之言”。魯迅批評這些人“才從‘四目倉聖’面前爬起，又向‘柴明華先師’脚下跪倒”。（《集外集·渡河與引路》。“四目倉聖”指傳說中有四隻眼睛的漢字始創者倉頡；“柴明華先師”是人造的國際輔助語Esperanto的發明者。）

民國以後，文字的清理和調整做得越來越多，越來越好。一九二二年錢玄同（1887—1939）提出《減省現行漢字的筆畫案》，主張以簡體爲正體，並將簡體字的構成方式歸納爲八種：

1. 全體刪減，粗具匡廓。如龜作亀。
2. 採用草書。如爲作为。
3. 僅寫原字的一部分。如聲作声。
4. 原字一部分用很簡單的幾筆替代。如觀作观。
5. 採用古體。如雲作云。
6. 音符改少筆畫。如燈作灯。
7. 別造簡體。如響作响。
8. 假借他字。如幾作几。

錢玄同的提案影響很大。一九三五年他又編出收字二千四百多個的《簡體字譜》。同年八月國民政府教育部公佈《第一批簡體字表》（共三百二十四字），表中簡體字選自錢玄同等人所編的《簡體字譜》。

此後，一九三七年五月北平研究院字體研究會發表《簡體字表·第一表》，約收一千七百字。

一九五六年一月中國國務院公佈《漢字簡化方案》（簡稱《一簡》），其中第一、二表共五百十五個簡化字，第三部分是可以用來類推的五十四個簡化偏旁。一九六四年中國文字改革委員會編印《簡化字總表》。"總表"主要應用《一簡》規定的簡化偏旁類推出一批簡化字，簡化了二千二百六十四個繁體字，而簡化字的數目達到二千二百三十六個。一九七七年十二月二十日發表《第二次漢字簡化方案草案》（簡稱《二簡》）徵求意見並予試用。"這一次的漢字簡化有些急於求成，字數太多，許多字簡得不合理，要求試用過急，不利於社會應用。"而且，"一九五六年以來推行的簡化字數量不算少了，有些字至今不能被人們準確使用，還需要有一段時間來充分消化和鞏固"。（一九八六年九月二十八日《人民日報》社論《促進漢字規範化·消除社會用字混亂》）因此，國務院已於一九八六年六月二十四日正式廢止《二簡》。

文字是大衆使用的工具。爲了傳遞信息的準

確無誤，文字的使用者應當自覺遵守統一的規範。在中國內地，既然已經有了簡化字的規範，那麼就應按規範的字形書寫，不要任意自創新簡化字。雖然文字經過一次清理和調整還會繼續變化，簡化字還會在民間有新的創造；但是既然已經有了規範，就應當以它作爲此時此地書寫的標準。既容許創新（否則沒有發展），又恪守標準（否則無所遵循），兩者的關係要用哲學手段去處理。用簡體的時候要用合乎規範的簡體；用繁體的場合要用合於標準的繁體。這樣才能最有效地發揮文字的社會功能。

目前內地使用漢字的情形比較亂，"社會上濫用繁體字、亂造簡化字，以及寫錯別字現象是相當普遍的"。（引文同上《人民日報》社論）亂造出來的簡化字令人眼花繚亂，例如售票處窗口掛出"不予售票"的通告牌，其實不是不售票，而是不"預售"票。"預"字亂簡爲"予"（《二簡》亦如是），把想要傳遞的信息傳遞錯了。深圳有家旅社將"旅客之家"的"家"亂簡作"宂"（《二簡》亦如是），旅客看作"旅客之穴"，誰敢入住！

中國內地的簡化字以下列三份資料爲規範化的依據：

1. 一九八六年十月新出版的《簡化字總表》。新表對一九六四年的舊表作了少量調整，如恢復“叠、覆、像、囉、瞭”等字的繁體，這幾個字不再簡作“迭、复、象、罗、了”。“囉”依簡化偏旁“罗”類推簡化爲“啰”。“瞭”字讀liǎo（了解）時仍簡作“了”，讀liào（瞭望）時不簡作“了”。此外，規定“余（馀）”在余和餘意義可能混淆時用馀，如文言句“馀年無多”。“讎”只用於校讎、讎定、仇讎等；表示仇恨、仇敵義時用仇。

2. 一九五五年十二月公佈的《第一批異體字整理表》。表中“仝、邱、於”是“同、丘、于”的異體，但用作姓氏，可以保留原字，即“仝、邱、於”用作姓時是合乎規範的。

3. 一九六五年一月發佈的《印刷通用漢字字形表》。這份字形表內容豐富而大衆的重視不足，其實表中包含的漢語文原理很值得深入研究。例如字形表中“市”“巿”有嚴格的分工：讀shi的字從“市”（五畫），如柿、铈（鈰）；韻母ei的字從“巿”（四畫），如沛、肺。又如字形表規定，從“木”的字“木”不帶鈎，所以“林、森”中的“木”都沒有鈎；“条、亲、杀、杂、寨、茶”帶鈎，但不違反“木”不帶鈎的通則，因爲“条、亲、杀、杂”由手寫體變爲印刷體，手寫體帶鈎而且最後一筆改捺爲點。“東”字要不寫繁體“木”不帶鈎而末筆爲捺，要不寫簡體“朩”帶鈎而末筆爲點：东。其他的寫法如繁頭簡尾（東）和簡頭繁尾（东）等等都是不規範的。“寨”中“朩”帶鈎末筆爲點，原因是倘用不帶鈎而末筆爲捺的“木”，則整個字中兩捺重叠，不夠美觀。至於“茶”字“朩”底帶鈎末筆爲點，則是因爲“茶”字從“艹”不從“木”。

極粗略地看，《印刷通用漢字字形表》盡量使印刷體與手寫體一致，例如“半”代“半”，“片”代（片），“羽”代“羽”，“户”代“戶”，“言”代“言”等等；盡量使字的構件得以稱呼，例如“害”（害）可呼作從“宀”從“丰”從“口”，“另”（另）可呼作從“口”從“力”，“黔”（黔）可呼作從“黑”從“今”，“感”（感）可呼作從“咸”從“心”。

研習或玩味內地簡化字，案頭須有以上三種資料。

港澳地區的印刷物使用繁體字。識得繁體字的人再認簡體字是比較容易的，有一位識繁體字的香港人看了一套用簡體字寫成說明詞的《三國演義》連環畫，簡體字也就掌握了；倒是只識簡體再認繁體困難略多。文字是人與人溝通的工具，多識一種文字則多一份方便；而漢字的繁簡之別遠沒有不同類型的文字那樣嚴重，繁簡並存只不過是一種文字體制內的一小部分字存有兩種書寫的形式。識繁體再認簡體或識簡體再認繁體都比學習掌握另一種類型的文字容易得多。已識簡體的青少年不妨再學點繁體字，以便更有效地閱讀古籍，吸取古典文化的滋養；已識繁體字的人也不妨學點簡體字，以便更好地與使用簡體字的人士溝通。繁簡由之，是有百利而無一害的事情。例如我們到中國內地旅行，必然接觸到用簡化字書寫的車站、機場、城市、街道、茶樓酒店的名稱，名勝古蹟也會有簡化字書寫的說明或介紹。“**东来顺饭庄**”（東來順飯莊）、“**双门楼宾馆**”（雙門樓賓館）、“**万县**”（萬縣）、“**栈桥**”（棧橋）、“**网师园**”（網師園）字字都是簡體。如果我們不識簡化字，遊興一定會受影響。再如商界人士與國內開展貿易，更需認識商業合同或商品規格上的簡化字。

簡化字不僅在中國內地行用，而且在國際上也通行。可以舉兩個例子：其一，日本一間音響器材公司的商品廣告，刊載於一九八四年十一月二十五日《澳門日報》頭版；其二，新加坡一家

余音绕梁
美不胜收

音响技术的结晶　先锋牌Avante E600
向更高的音乐境界迈进一步!

优雅的音质、动人的感染力、身临其境的感觉。将使我们所处的环境，立即充满无穷美妙的情景。如欲尽情欣赏最中意的音乐，毕竟还得选用凝聚着全部音响技术的先锋牌最高级音响装置。

例一

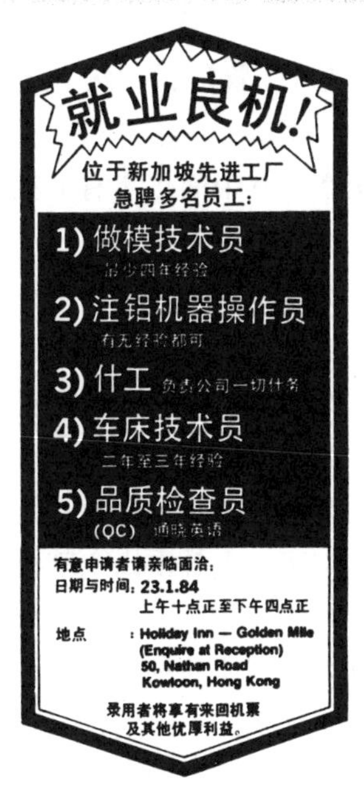

就业良机!
位于新加坡先进工厂
急聘多名员工:
1) 做模技术员
最少四年经验
2) 注铝机器操作员
有无经验都可
3) 什工 负责公司一切什务
4) 车床技术员
二年至三年经验
5) 品质检查员
(QC) 通晓英语
有意申请者请亲临面洽:
日期与时间: 23.1.84
上午十点正至下午四点正
地点 : Holiday Inn — Golden Mile
(Enquire at Reception)
50, Nathan Road
Kowloon, Hong Kong
录用者将享有来回机票
及其他优厚利益。


例二

工廠招聘啓事，刊載於一九八四年元月十九日香港《東方日報》第十六版。（新加坡簡體字與中國簡化字基本相同而略有出入。）

前者一百零六個漢字，其中簡化字有：

余（餘）、绕（繞）、梁（樑）、胜（勝）、响（響）、术（術）、结（結）、锋（鋒）、乐（樂）、迈（邁）、进（進）、优（優）、质（質）、动（動）、临（臨）、觉（覺）、将（將）、们（們）、处（處）、环（環）、满（滿）、无（無）、穷（窮）、尽（盡）、赏（賞）、毕（畢）、还（還）、选（選）、着（着）、级（級）、装（裝）。

後者一百二十個漢字，其中簡化字有（與上則廣告重複者不列）：

业（業）、机（機）、于（於）、厂（廠）、员（員）、经（經）、验（驗）、铝（鋁）、什（雜）、负（負）、责（責）、务（務）、车（車）、床（牀）、检（檢）、晓（曉）、语（語）、请（請）、亲（親）、与（與）、时（時）、间（間）、点（點）、录（錄）、来（來）。

僅這兩則廣告，簡化字（不計重出）就有五十六個之多。

就算不爲旅遊、貿易或其他功利目的，僅爲了多讀好書，也要多識簡化字，八十年代中期，每年由中國內地運到香港發行的新書已達五六千種，雜誌近千種。不識簡化字,閱讀內地出版的書籍、雜誌就會有困難。推而廣之,八十年代全世界出版中文書刊每年約三萬種,用簡化字排印的佔百分之七十五以上,其中包括新加坡和馬來西亞的華文出版物。而聯合國各組織的中文出版物,也是採用簡化字的。讀者如要享用這些書籍提供的精神養料,就需要學點簡化字。

文字分歧與方言分歧在性質上是相似的,處理的手法也可以相通。對待方言現象,一方面不可强禁方言的流通,一方面却要推行超方言的民族共同語。伴隨着經濟的集中,交通的發展,傳媒的改進與教育的普及,人與人在地理上、心理上、智力上的差距都將日益縮小,而彼此間的交往却會擴大;到了那時,不同方言區的人將會自覺自願地放棄方言,採用民族共同語。對待文字現象,同樣不可以硬性規定不同地區必須使用字形相同的文字,但也不應放棄統一文字的努力。語言、文字是全民的財富,具有工具性質。語言文字的統一將便利於意見的表達與思想的交流。觀點相同的人固然需要借共通的交際工具來維繫自己所處的羣體,而見解不同甚至敵對的人羣同樣需要運用統一的語言文字來作面對面的交鋒。否則,你說的他不懂,他寫的你不明,眞理無法辯出來。因此，統一的語言文字是社會發展的需要，也將是社會發展的必然。

一九九五年十月六日，香港《明報》“校園論壇”專題討論“中學生應否學習簡體字”。多數意見認為：“對於簡體字的起碼認知，相信已逐漸成為社會的共識”。學生家長鑑於“中學生即將步入社會，學會簡體字對將來就業或進一步深造都有好處”。一位香港的中學教師表示：“中國大陸書刊大多用簡體字刊印。如下一代不懂得簡體字，閱讀大陸書刊時頗感艱難困苦。若他們因此不選擇大陸出版之書刊，知識範圍也狹窄了。莫非香港學生不閱讀全球最多中文書出版地（中國大陸）的書刊？”至於教學方法，學生的意見是：“不需要刻意在繁忙課程中抽一兩堂專門教同學‘認字’，只要中文老師多寫，同學自己主動多看便行”；“老師批改作業評語往往繁簡並用，學生‘依樣葫蘆’地學寫，結果可能是‘胡里胡塗’地亂寫，與其這樣，倒不如讓老師認真教授”。學生家長的意見是：“校方應允許學生用簡體字做書面作業，允許測驗、考試使用簡體字，……教署亦應允許學生在公開試中使用簡體字，從而促成簡體字的教授與運用。”這些意見概括地說，就是：對待簡化字不應再取抗拒或抵制的態度，但在行動上則要防止激進的作法，逐步適應，逐步掌握，簡化字的推行將是可能實現的。港澳地區在推行簡化字的過程中，“繁簡由之”將是一個必經的歷史階段。

# 附錄

# 繁簡字對照舉例

## 往　事（七）　冰心

　　父亲的朋友送给我们两缸莲花，一缸是红的，
　　　親　　　　　給　們兩　蓮　　　　　紅

一缸是白的，都摆在院子里。
　　　　　　　擺　　　裏

　　八年之久，我没有在院子里看莲花了——但
　　　　　　　　　　　　　裏　蓮

故乡的庭院里，却有许多：不但有并蒂的，还有
　鄉　　　裏　　　許　　　　　並　　　還

三蒂的，四蒂的，都是红莲。
　　　　　　　　　　紅蓮

　　九年前的一个月夜，祖父和我在园里乘凉。
　　　　　　個　　　　　　　　園裏

祖父笑着和我说，“我们园里最初开三蒂莲的时
　　　　　　說　　們園裏　　開　　蓮　時

候，正好我们大家庭中添了你们三个姊妹。大家
　　　　們　　　　　　　們　個

都欢喜，说是应了花瑞。”
　歡　　說　應

　　半夜里听见繁杂的雨声，早起是浓阴的天，
　　　裏聽見　雜　　聲　　　　濃陰

我觉得有些烦闷。从窗内往外看时，那一朵白莲
觉 烦闷 从 时 莲

已经谢了，白瓣儿小船般散飘在水面。梗上只留
经谢 儿 飘

个小小的莲蓬，和几根淡黄色的花须，那一朵红
個 蓮 幾 鬚 紅

莲，昨夜还是菡萏的，今晨却开满了，亭亭地在
蓮 還 開

绿叶中间立着。
綠葉 間

仍是不适意！——徘徊了一会子，窗外雷声
適 會 聲

作了，大雨接着就来，愈下愈大。那朵红莲，被
來 紅蓮

那繁密的雨点，打得左右攲斜。在无遮蔽的天空
點 無

之下，我不敢下阶去，也无法可想。
階 無

对屋里母亲唤着，我连忙走过去，坐在母亲旁
對 裏 親喚 連 過 親

边——一回头忽然看见红莲旁边的一个大荷叶，
邊 頭 見紅蓮 邊 個 葉

慢慢的倾侧了来，正覆盖在红莲上面……我不宁
傾側 來 蓋 紅蓮 寧

的心绪散尽了！
緒 盡

雨势并不减退，红莲却不摇动了。雨点不住
勢並 紅蓮 動 點

**的打着，只能在那勇敢慈怜的荷叶上面，聚了些**
憐　　葉

**流转无力的水珠。**
轉無

**我心中深深的受了感动——**
動

**母亲呵！你是荷叶，我是红莲。心中的雨点**
親　　葉　　紅蓮　　點

**来了，除了你，谁是我在无遮拦天空下的荫蔽？**
來　　誰　　無　攔　　蔭

1922年7月21日

以上正文四百四十六字，其中可用簡體替代的一百一十六字，佔總字數百分之二十六。如果不計重出，一百一十六個簡化字只有五十多個。這五十多個字有從“簡化偏旁”類推而來，閱讀應無困難。如：

糹：给红绿绪经

言：许说谁谢

門：闷间们

頁：烦倾须

見：见觉

車：连莲

貝：侧

上列五十多個簡化字大量來自手寫的行書或草書，例如：个（個）、时（時）、应（應）、听（聽）、声（聲）、飘（飄）、会（會）、来（來）、点（點）、两（兩）、转（轉）、势（勢）、头（頭）、盖（蓋）、并（並）、还（還）、欢（歡）、尽（盡）、摆（擺）、乡（鄉）、过（過）、适（適）、边（邊）、宁（寧）、对（對）、几（幾）、叶（葉）等。

所剩較爲陌生的簡化字也有，需要逐個記住，如：亲（親）、里（裏）、杂（雜）、浓（濃）、阴（陰）、荫（蔭）、无（無）、阶（階）、须（鬚）、儿（兒）等。

# 簡化字總表

## 國務院批轉國家語言文字工作委員會《關於廢止〈第二次漢字簡化方案(草案)〉和糾正社會用字混亂現象的請示》的通知

(1986年6月24日)

國務院同意國家語言文字工作委員會《關於廢止〈第二次漢字簡化方案(草案)〉和糾正社會用字混亂現象的請示》，現轉發給你們，請貫徹執行。

1977年12月20日發表的《第二次漢字簡化方案(草案)》，自本通知下達之日起停止使用。今後，對漢字的簡化應持謹慎態度，使漢字的形體在一個時期內保持相對穩定，以利於社會應用。當前社會上濫用繁體字，亂造簡化字，隨便寫錯別字，這種用字混亂現象，應引起高度重視。國務院責成國家語言文字工作委員會盡快會同有關部門研究、制訂各方面用字管理辦法，逐步消除社會用字混亂的不正常現象。爲便利人們正確使用簡化字，請《人民日報》、《光明日報》以及其他有關報刊重新發表《簡化字總表》。

## 關於重新發表《簡化字總表》的說明

爲糾正社會用字混亂，便於羣衆使用規範的簡化字，經國務院批准重新發表原中國文字改革委員會於1964年編印的《簡化字總表》。

原《簡化字總表》中的個別字，作了調整。"叠"、"覆"、"像"、"囉"不再作"迭"、"复"、"象"、"罗"的繁體字處理。因此，在第一表中刪去了"迭〔叠〕"、"象〔像〕"，"复"字字頭下刪去繁體字〔覆〕。在第二表"罗"字字頭下刪去繁體字〔囉〕，"囉"依簡化偏旁"罗"類推簡化爲"啰"。"瞭"字讀"liǎo"（了解）時，仍簡作"了"，讀"liào"（瞭望）時作"瞭"，不簡作"了"。此外，對第一表"余〔餘〕"的脚注內容作了補充，第三表"讠"下偏旁類推字"雠"字加了脚注。

漢字的形體在一個時期內應當保持穩定，以利應用。《第二次漢字簡化方案（草案）》已經國務院批准廢止。我們要求社會用字以《簡化字總表》爲標準：凡是在《簡化字總表》中已經被簡化了的繁體字，應該用簡化字而不用繁體字；凡是不符合《簡化字總表》規定的簡化字，包括《第二次漢字簡化方案（草案）》的簡化字和社會上流行的各種簡體字，都是不規範的簡化字，應當停止使用。希望各級語言文字工作部門和文化、教育、新聞等部門多作宣傳，採取各種措施，引導大家逐漸用好規範的簡化字。

國家語言文字工作委員會
1986年10月10日

**中國文字改革委員會**
**中華人民共和國文化部**
**中華人民共和國教育部**

## 關於簡化字的聯合通知

（1964年3月7日）

根據國務院1964年2月4日關於簡化字問題給中國文字改革委員會的批示："同意你會在報告中提出的意見：《漢字簡化方案》中所列的簡化字，用作偏旁時，應同樣簡化；《漢字簡化方案》的偏旁簡化表中所列的偏旁，除了四個偏旁（讠、饣、纟、钅）外，其餘偏旁獨立成字時，也應同樣簡化。你會應將上述可以用作偏旁的簡化字和可以獨立成字的偏旁，分別作成字表，會同有關部門下達執行"，現特將這兩類字分別列表通知如下。

一、下列92個字已經簡化，作偏旁時應該同樣簡化。例如，"爲"已簡化作"为"，"僞嬀"同樣簡化作"伪妫"。

**愛爱　罷罢　備备　筆笔　畢毕　邊边　參参　倉仓**
**嘗尝　蟲虫　從从　竄窜　達达　帶带　黨党　動动**
**斷断　對对　隊队　爾尔　豐丰　廣广　歸归　龜龟**
**國国　過过　華华　畫画　匯汇　夾夹　薦荐　將将**
**節节　盡尽　進进　舉举　殼壳　來来　樂乐　離离**

歷历　麗丽　兩两　靈灵　劉刘　盧卢　虜虏　鹵卤
録录　慮虑　買买　麥麦　黽黾　難难　聶聂　寧宁
豈岂　氣气　遷迁　親亲　窮穷　嗇啬　殺杀　審审
聖圣　時时　屬属　雙双　歲岁　孫孙　條条　萬万
爲为　烏乌　無无　獻献　鄉乡　寫写　尋寻　亞亚
嚴严　厭厌　業业　藝艺　陰阴　隱隐　猶犹　與与
雲云　鄭郑　執执　質质

二、下列40個偏旁已經簡化，獨立成字時應該同樣簡化（言食糸金一般只作左旁時簡化，獨立成字時不簡化）。例如，“魚”作偏旁已簡化作“鱼”旁，獨立成字時同樣簡化作“鱼”。

貝贝　賓宾　產产　長长　車车　齒齿　芻刍　單单
當当　東东　發发　風风　岡冈　會会　幾几　戔戋
監监　見见　龍龙　婁娄　侖仑　羅罗　馬马　賣卖
門门　鳥鸟　農农　齊齐　僉佥　喬乔　區区　師师
壽寿　肅肃　韋韦　堯尧　頁页　義义　魚鱼　專专

三、在一般通用字範圍內，根據上述一、二兩項規定類推出來的簡化字，將收入中國文字改革委員會編印的《簡化字總表》中。

## 《簡化字總表》說明

1. 本表收錄1956年國務院公佈的《漢字簡化方案》中的全部簡化字。關於簡化偏旁的應用範圍，本表遵照1956年方案中的規定以及1964年3月7日中國文字改革委員會、文化部、教育部《關於簡化字的聯合通知》的規定，用簡化字和簡化偏旁作爲偏旁得出來的簡化字，也收錄本表內（本表所說的偏旁，不限於左旁和右旁，也包括字的上部下部內部外部，總之指一個字的可以分出來的組成部分而言。這個組成部分在一個字裏可以是筆畫較少的，也可以是筆畫較多的。例如“摆”字，“扌”固然是偏旁，但是“罢”也作偏旁）。

2. 總表分成三個表。表內所有簡化字和簡化偏旁後面，都在括弧裏列入原來的繁體。

第一表所收的是352個不作偏旁用的簡化字。這些字的繁體一般都不用作別的字的偏旁。個別能作別的字的偏旁，也不依簡化字簡化。如“習”簡化作“习”，但“褶”不簡化作“衤习”。

第二表所收的是：一、132個可作偏旁用的簡化字和二、14個簡化偏旁。

第一項所列繁體字，無論單獨用或者作別的

字的偏旁用，同樣簡化。第二項的簡化偏旁，不論在一個字的任何部位，都可以使用，其中“讠、饣、纟、钅”一般只能用於左偏旁。這些簡化偏旁一般都不能單獨使用。

在《漢字簡化方案》中已另行簡化的繁體字，不能再適用上述原則簡化。例如“戰”、“過”、“誇”，按《漢字簡化方案》已簡化作“战”、“过”、“夸”，因此不能按“单”、“呙”、“讠”作爲偏旁簡化作“戦”、“過”、“诗”。

除本表所列的146個簡化字和簡化偏旁外，不得任意將某一簡化字的部分結構當作簡化偏旁使用。例如“陽”按《漢字簡化方案》作“阳”，但不得任意將“日”當作“昜”的簡化偏旁。如“楊”應按簡化偏旁“𠃓（昜）”簡化作“杨”，不得簡化作“相”。

第三表所收的是應用第二表的簡化字和簡化偏旁作爲偏旁得出來的簡化字。漢字總數很多，這個表不必盡列。例如有“車”旁的字，如果盡量地列，就可以列出一二百個，其中有許多是很生僻的字，不大用得到。現在爲了適應一般的需要，第三表所列的簡化字的範圍，基本上以《新華字典》（1962年第三版，只收漢字八千個左右）爲標準。未收入第三表的字，凡用第二表的簡化字或簡化偏旁作爲偏旁的，一般應該同樣簡化。

3. 此外，在1955年文化部和中國文字改革委員會發佈的《第一批異體字整理表》中，有些被淘汰的異體字和被選用的正體字繁簡不同，一般人習慣把這些筆畫少的正體字看作簡化字。爲了便於檢查，本表把這些字列爲一表，作爲附錄。

4. 一部分簡化字，有特殊情形，需要加適當的注解。例如“干”是“乾”（gān）的簡化字，但是“乾坤”的“乾”（qián）並不簡化；又如“吁”是“籲”（yù）的簡化字，但是“長吁短嘆”的“吁”仍舊讀xū；這種一字兩讀的情形，在漢字裏本來常有，如果不注出來，就容易引起誤會。又如以“余”代“餘”，以“复”代“覆”，雖然羣衆已經習慣了，而在某些情況下却不適宜，需要區別。又如“么”和“幺”有什麼不同，“马”字究竟幾筆，等等。諸如此類可能發生疑難的地方，都在頁末加了脚注。

1964年 5 月

## 第一表

### 不作簡化偏旁用的簡化字

本表共收簡化字350個，按讀音的拼音字母順序排列。本表的簡化字都不得作簡化偏旁使用。

**A**

碍〔礙〕
肮〔骯〕
袄〔襖〕

**B**

坝〔壩〕
板〔闆〕
办〔辦〕
帮〔幫〕
宝〔寶〕
报〔報〕
币〔幣〕
毙〔斃〕
标〔標〕
表〔錶〕
别〔彆〕
卜〔蔔〕
补〔補〕

**C**

才〔纔〕
蚕〔蠶〕①
灿〔燦〕
层〔層〕
搀〔攙〕
谗〔讒〕
馋〔饞〕
缠〔纏〕②
忏〔懺〕
偿〔償〕
厂〔廠〕
彻〔徹〕
尘〔塵〕
衬〔襯〕
称〔稱〕
惩〔懲〕
迟〔遲〕
冲〔衝〕
丑〔醜〕
出〔齣〕
础〔礎〕
处〔處〕
触〔觸〕
辞〔辭〕
聪〔聰〕
丛〔叢〕

**D**

担〔擔〕
胆〔膽〕
导〔導〕
灯〔燈〕
邓〔鄧〕
敌〔敵〕
籴〔糴〕
递〔遞〕
点〔點〕
淀〔澱〕
电〔電〕
冬〔鼕〕
斗〔鬥〕
独〔獨〕
吨〔噸〕
夺〔奪〕
堕〔墮〕

**E**

儿〔兒〕

**F**

矾〔礬〕
范〔範〕
飞〔飛〕

---

① 蚕：上從天，不從夭。 ② 缠：右從廛，不從厘。

坟〔墳〕
奋〔奮〕
粪〔糞〕
凤〔鳳〕
肤〔膚〕
妇〔婦〕
复〔復〕
〔複〕

### G

盖〔蓋〕
干〔乾〕①
〔幹〕
赶〔趕〕
个〔個〕
巩〔鞏〕
沟〔溝〕
构〔構〕
购〔購〕
谷〔穀〕
顾〔顧〕
刮〔颳〕
关〔關〕
观〔觀〕
柜〔櫃〕

### H

汉〔漢〕
号〔號〕
合〔閤〕
轰〔轟〕
后〔後〕
胡〔鬍〕
壶〔壺〕
沪〔滬〕
护〔護〕
划〔劃〕
怀〔懷〕
坏〔壞〕②
欢〔歡〕
环〔環〕
还〔還〕
回〔迴〕
伙〔夥〕③
获〔獲〕
〔穫〕

### J

击〔擊〕
鸡〔鷄〕
积〔積〕
极〔極〕
际〔際〕
继〔繼〕
家〔傢〕
价〔價〕
艰〔艱〕
歼〔殲〕
茧〔繭〕
拣〔揀〕
硷〔鹼〕
舰〔艦〕
姜〔薑〕
浆〔漿〕④
桨〔槳〕
奖〔獎〕
讲〔講〕
酱〔醬〕
胶〔膠〕
阶〔階〕
疖〔癤〕
洁〔潔〕
借〔藉〕⑤
仅〔僅〕
惊〔驚〕
竞〔競〕
旧〔舊〕
剧〔劇〕
据〔據〕
惧〔懼〕
卷〔捲〕

### K

开〔開〕
克〔剋〕
垦〔墾〕
恳〔懇〕
夸〔誇〕
块〔塊〕
亏〔虧〕
困〔睏〕

### L

腊〔臘〕
蜡〔蠟〕
兰〔蘭〕
拦〔攔〕
栏〔欄〕
烂〔爛〕
累〔纍〕

---

① 乾坤、乾隆的乾讀qián（前），不簡化。 ② 不作坯。坯是磚坯的坯，讀pī（批），坏坯二字不可互混。 ③ 作多解的夥不簡化。 ④ 浆、桨、奖、酱：右上角從夕，不從夕或爫。 ⑤ 藉口、憑藉的藉簡化作借，慰藉、狼藉等的藉仍用藉。

垒〔壘〕
类〔類〕①
里〔裏〕
礼〔禮〕
隶〔隸〕
帘〔簾〕
联〔聯〕
怜〔憐〕
炼〔煉〕
练〔練〕
粮〔糧〕
疗〔療〕
辽〔遼〕
了〔瞭〕②
猎〔獵〕
临〔臨〕③
邻〔鄰〕
岭〔嶺〕④
庐〔廬〕
芦〔蘆〕
炉〔爐〕
陆〔陸〕
驴〔驢〕
乱〔亂〕

**M**

么〔麽〕⑤
霉〔黴〕
蒙〔矇〕
〔濛〕
〔懞〕
梦〔夢〕
面〔麵〕
庙〔廟〕
灭〔滅〕
蔑〔衊〕
亩〔畝〕

**N**

恼〔惱〕
脑〔腦〕
拟〔擬〕
酿〔釀〕
疟〔瘧〕

**P**

盘〔盤〕
辟〔闢〕
苹〔蘋〕
凭〔憑〕
扑〔撲〕
仆〔僕〕⑥
朴〔樸〕

**Q**

启〔啓〕
签〔籤〕
千〔韆〕
牵〔牽〕
纤〔縴〕
〔纖〕⑦
窍〔竅〕
窃〔竊〕
寝〔寢〕
庆〔慶〕⑧
琼〔瓊〕
秋〔鞦〕
曲〔麯〕
权〔權〕
劝〔勸〕
确〔確〕

**R**

让〔讓〕
扰〔擾〕
热〔熱〕
认〔認〕

**S**

洒〔灑〕
伞〔傘〕
丧〔喪〕
扫〔掃〕
涩〔澀〕
晒〔曬〕
伤〔傷〕
舍〔捨〕
沈〔瀋〕
声〔聲〕
胜〔勝〕
湿〔濕〕
实〔實〕
适〔適〕⑨
势〔勢〕
兽〔獸〕

---

① 类：下從大，不從犬。 ② 瞭：讀liǎo（了解）時，仍簡作了，讀liào（瞭望）時作瞭，不簡作了。 ③ 临：左從一短豎一長豎，不從刂。 ④ 岭：不作岺，免與岺混。 ⑤ 讀me輕聲。讀yāo（夭）的么應作幺（么本字）。吆應作吆。麽讀mó（摩）時不簡化，如幺麽小丑。 ⑥ 前仆後繼的仆讀pū（撲）。 ⑦ 纤維的纤讀xiān（先）。 ⑧ 庆：從大，不從犬。 ⑨ 古人南宫适、洪适的适（古字罕用）讀kuò（括）。此适字本作适，爲了避免混淆，可恢復本字适。

书〔書〕
术〔術〕①
树〔樹〕
帅〔帥〕
松〔鬆〕
苏〔蘇〕
〔囌〕
虽〔雖〕
随〔隨〕

## T

台〔臺〕
〔檯〕
〔颱〕
态〔態〕
坛〔壇〕
〔罎〕
叹〔嘆〕
誊〔謄〕
体〔體〕
粜〔糶〕
铁〔鐵〕
听〔聽〕
厅〔廳〕②
头〔頭〕
图〔圖〕
涂〔塗〕
团〔團〕
〔糰〕
椭〔橢〕

## W

洼〔窪〕
袜〔襪〕③
网〔網〕
卫〔衛〕
稳〔穩〕
务〔務〕
雾〔霧〕

## X

牺〔犧〕
习〔習〕
系〔係〕
〔繫〕④
戏〔戲〕
虾〔蝦〕
吓〔嚇〕⑤
咸〔鹹〕
显〔顯〕
宪〔憲〕
县〔縣〕⑥
响〔響〕
向〔嚮〕
协〔協〕
胁〔脅〕
亵〔褻〕
衅〔釁〕
兴〔興〕
须〔鬚〕
悬〔懸〕
选〔選〕
旋〔鏇〕

## Y

压〔壓〕⑦
盐〔鹽〕
阳〔陽〕
养〔養〕
痒〔癢〕
样〔樣〕
钥〔鑰〕
药〔藥〕
爷〔爺〕
叶〔葉〕⑧
医〔醫〕
亿〔億〕
忆〔憶〕
应〔應〕
痈〔癰〕
拥〔擁〕
佣〔傭〕
踊〔踴〕
忧〔憂〕
优〔優〕
邮〔郵〕
余〔餘〕⑨
御〔禦〕
吁〔籲〕⑩
郁〔鬱〕
誉〔譽〕
渊〔淵〕
园〔園〕
远〔遠〕

---

① 中藥蒼朮、白朮的朮讀zhú（竹）。 ② 厅：從厂，不從广。 ③ 袜：從末，不從未。 ④ 系帶子的系讀jì（計）。 ⑤ 恐吓的吓讀hè（赫）。 ⑥ 县：七筆。上從且。 ⑦ 压：六筆。土的右旁有一點。 ⑧ 叶韻的叶讀xié（協）。 ⑨ 在余和餘意義可能混淆時，仍用餘。如文言句"餘年無多"。 ⑩ 喘吁吁，長吁短嘆的吁讀xū（虛）。

愿〔願〕
跃〔躍〕
运〔運〕
酝〔醞〕

**Z**

杂〔雜〕
赃〔贜〕
脏〔臟〕
〔髒〕

凿〔鑿〕
枣〔棗〕
灶〔竈〕
斋〔齋〕
毡〔氈〕
战〔戰〕
赵〔趙〕
折〔摺〕①
这〔這〕

征〔徵〕②
症〔癥〕
证〔證〕
只〔隻〕
〔祇〕
致〔緻〕
制〔製〕
钟〔鐘〕
〔鍾〕

肿〔腫〕
种〔種〕
众〔衆〕
昼〔晝〕
朱〔硃〕
烛〔燭〕
筑〔築〕
庄〔莊〕③
桩〔樁〕

妆〔妝〕
装〔裝〕
壮〔壯〕
状〔狀〕
准〔準〕
浊〔濁〕
总〔總〕
钻〔鑽〕

## 第二表

### 可作簡化偏旁用的簡化字和簡化偏旁

本表共收簡化字 132 個和簡化偏旁14個。簡化字按讀音的拼音字母順序排列，簡化偏旁按筆數排列。

**A**

爱〔愛〕

**B**

罢〔罷〕
备〔備〕
贝〔貝〕
笔〔筆〕
毕〔畢〕
边〔邊〕
宾〔賓〕

**C**

参〔參〕
仓〔倉〕
产〔産〕
长〔長〕④
尝〔嘗〕⑤
车〔車〕
齿〔齒〕
虫〔蟲〕
刍〔芻〕
从〔從〕
窜〔竄〕

**D**

达〔達〕
带〔帶〕
单〔單〕

---

① 在折和摺意義可能混淆時，摺仍用摺。 ② 宮商角徵羽的徵讀zhǐ（止），不簡化。 ③ 庄：六筆。土的右旁無點。 ④ 长：四筆。筆順是：ノ ㇐ 长长。 ⑤ 尝：不是賞的簡化字。賞的簡化字是赏（見第三表）。

当〔當〕
〔噹〕
党〔黨〕
东〔東〕
动〔動〕
断〔斷〕
对〔對〕
队〔隊〕

**E**

尔〔爾〕

**F**

发〔發〕
〔髮〕
丰〔豐〕①
风〔風〕

**G**

冈〔岡〕
广〔廣〕
归〔歸〕
龟〔龜〕
国〔國〕
过〔過〕

**H**

华〔華〕
画〔畫〕
汇〔匯〕
〔彙〕
会〔會〕

**J**

几〔幾〕
夹〔夾〕
戋〔戔〕
监〔監〕
见〔見〕
荐〔薦〕
将〔將〕②
节〔節〕
尽〔盡〕
〔儘〕
进〔進〕
举〔舉〕

**K**

壳〔殼〕③

**L**

来〔來〕
乐〔樂〕
离〔離〕
历〔歷〕
〔曆〕
丽〔麗〕④
两〔兩〕
灵〔靈〕
刘〔劉〕
龙〔龍〕
娄〔婁〕
卢〔盧〕
虏〔虜〕
卤〔鹵〕
〔滷〕
录〔録〕
虑〔慮〕
仑〔侖〕
罗〔羅〕

**M**

马〔馬〕⑤
买〔買〕
卖〔賣〕⑥
麦〔麥〕
门〔門〕
黾〔黽〕⑦

**N**

难〔難〕
鸟〔鳥〕⑧
聂〔聶〕
宁〔寧〕⑨
农〔農〕

---

① 四川省酆都縣已改豐都縣。姓酆的酆不簡化作邦。 ② 将：右上角從夕，不從夕或爫。 ③ 壳：几上沒有一小横。 ④ 丽：七筆。上邊一横，不作兩小横。 ⑤ 马：三筆。筆順是：ㄱ马马。上部向左稍斜，左上角開口，末筆作左偏旁時改作平挑。 ⑥ 卖：從十從买，上不從士或土。 ⑦ 黾：從口從电。 ⑧ 鸟：五筆。 ⑨ 作門屏之間解的宁（古字罕用）讀zhù（柱）。爲避免此宁字與寧的簡化字混淆，原讀zhù的宁作亡。

**Q**

齐〔齊〕
岂〔豈〕
气〔氣〕
迁〔遷〕
佥〔僉〕
乔〔喬〕
亲〔親〕
穷〔窮〕
区〔區〕①

**S**

啬〔嗇〕
杀〔殺〕
审〔審〕
圣〔聖〕
师〔師〕
时〔時〕
寿〔壽〕
属〔屬〕
双〔雙〕
肃〔肅〕②
岁〔歲〕
孙〔孫〕

**T**

条〔條〕③

**W**

万〔萬〕
为〔爲〕
韦〔韋〕
乌〔烏〕④
无〔無〕⑤

**X**

献〔獻〕
乡〔鄉〕
写〔寫〕⑥
寻〔尋〕

**Y**

亚〔亞〕
严〔嚴〕
厌〔厭〕
尧〔堯〕⑦
业〔業〕
页〔頁〕
义〔義〕⑧
艺〔藝〕
阴〔陰〕
隐〔隱〕
犹〔猶〕
鱼〔魚〕
与〔與〕
云〔雲〕

**Z**

郑〔鄭〕
执〔執〕
质〔質〕
专〔專〕

**简化偏旁**

讠〔言〕⑨
饣〔食〕⑩
𠃓〔昜〕⑪
纟〔糸〕
𠬤〔臤〕
𫇦〔𤇾〕
𫝀〔臨〕
只〔戠〕
钅〔金〕⑫
𭕄〔𦥯〕
㚇〔睪〕⑬
𢀖〔巠〕
亦〔䜌〕
呙〔咼〕

---

① 区：不作区。 ② 肃：中間一豎下面的兩邊從八，下半中間不從米。 ③ 条：上從夂，三筆，不從攵。 ④ 乌：四筆。 ⑤ 无：四筆。上從二，不可誤作旡。 ⑥ 写：上從冖，不從宀。 ⑦ 尧：六筆。右上角無點，不可誤作尧。 ⑧ 义：從乂（讀yì）加點，不可誤作叉（讀chā）。 ⑨ 讠：二筆。不作讠。 ⑩ 饣：三筆。中一横折作乛，不作㇏或點。 ⑪ 𠃓：三筆。 ⑫ 钅：第二筆是一短横，中兩横，豎折不出頭。 ⑬ 睾丸的睾讀gāo（高），不簡化。

## 第三表

### 應用第二表所列簡化字和簡化偏旁得出來的簡化字

本表共收簡化字1,753個(不包含重見的字。例如“缆”分見“纟、⺮、见”三部，只算一字)，以第二表中的簡化字和簡化偏旁作部首，按第二表的順序排列。同一部首中的簡化字，按筆數排列。

**爱**

嗳〔噯〕
嫒〔嬡〕
叆〔靉〕
瑷〔璦〕
暧〔曖〕

**罢**

摆〔擺〕
〔襬〕
罴〔羆〕
䎬〔䎱〕

**备**

惫〔憊〕

**贝**

贞〔貞〕
则〔則〕
负〔負〕
贡〔貢〕
呗〔唄〕
员〔員〕
财〔財〕
狈〔狽〕
责〔責〕
厕〔厠〕
贤〔賢〕
账〔賬〕
贩〔販〕
贬〔貶〕
败〔敗〕
贮〔貯〕
贪〔貪〕
贫〔貧〕
侦〔偵〕
侧〔側〕
货〔貨〕
贯〔貫〕
测〔測〕
浈〔湞〕
恻〔惻〕
贰〔貳〕
贲〔賁〕
贳〔貰〕
费〔費〕
郧〔鄖〕
勋〔勛〕
帧〔幀〕
贴〔貼〕
贶〔貺〕
贻〔貽〕
贱〔賤〕
贵〔貴〕
钡〔鋇〕
贷〔貸〕
贸〔貿〕
贺〔賀〕
陨〔隕〕
涢〔溳〕
资〔資〕
祯〔禎〕
贾〔賈〕
损〔損〕
贽〔贄〕
埙〔塤〕
桢〔楨〕
唝〔嗊〕
唢〔嗩〕
赅〔賅〕
圆〔圓〕
贼〔賊〕
贿〔賄〕
赆〔贐〕
赂〔賂〕
债〔債〕
赁〔賃〕
渍〔漬〕
惯〔慣〕
琐〔瑣〕
赉〔賚〕
匮〔匱〕
掼〔摜〕
殒〔殞〕
勚〔勩〕
赈〔賑〕
婴〔嬰〕
啧〔嘖〕
赊〔賒〕
帻〔幘〕
偾〔僨〕
铡〔鍘〕
绩〔績〕

溃〔潰〕
溅〔濺〕
⿸广赍〔⿸广賫〕
愦〔憒〕
愤〔憤〕
蒉〔蕢〕
赍〔賫〕
蒇〔蕆〕
⿰贝青〔⿰貝青〕
赔〔賠〕
赕〔賧〕
遗〔遺〕
赋〔賦〕
喷〔噴〕
赌〔賭〕
赎〔贖〕
赏〔賞〕①
赐〔賜〕
赒〔賙〕
锁〔鎖〕
馈〔饋〕
赖〔賴〕
赪〔赬〕
碛〔磧〕

㱮〔殨〕
赗〔賵〕
腻〔膩〕
赛〔賽〕
⿰衤贵〔⿰衤貴〕
赘〔贅〕
撄〔攖〕
⿰木贵〔樻〕
嘤〔嚶〕
赚〔賺〕
赙〔賻〕
罂〔罌〕
镄〔鐨〕
篑〔簣〕
鲗〔鰂〕
缨〔纓〕
璎〔瓔〕
聩〔聵〕
樱〔櫻〕
赜〔賾〕
箦〔簀〕
濑〔瀨〕
瘿〔癭〕
懒〔懶〕

赝〔贗〕
豮〔豶〕
赠〔贈〕
鹦〔鸚〕
獭〔獺〕
赞〔贊〕
赢〔贏〕
赡〔贍〕
癞〔癩〕
攒〔攢〕
籁〔籟〕
缵〔纘〕
瓒〔瓚〕
臜〔臢〕
赣〔贛〕
趱〔趲〕
躜〔躦〕
戆〔戇〕

笔

滗〔潷〕

毕

荜〔蓽〕
哔〔嗶〕
筚〔篳〕
跸〔蹕〕

边

笾〔籩〕

宾

傧〔儐〕
滨〔濱〕
摈〔擯〕
嫔〔嬪〕
缤〔繽〕
殡〔殯〕
槟〔檳〕
膑〔臏〕
镔〔鑌〕
髌〔髕〕
鬓〔鬢〕

参

渗〔滲〕
惨〔慘〕
掺〔摻〕
骖〔驂〕
毵〔毿〕
瘆〔瘮〕
碜〔磣〕
䅟〔穇〕
糁〔糝〕

仓

伧〔傖〕
创〔創〕
沧〔滄〕
怆〔愴〕
苍〔蒼〕
抢〔搶〕
呛〔嗆〕
炝〔熗〕
玱〔瑲〕
枪〔槍〕
戗〔戧〕
疮〔瘡〕
鸧〔鶬〕
舱〔艙〕
跄〔蹌〕

产

浐〔滻〕
萨〔薩〕
铲〔鏟〕

长

伥〔倀〕
怅〔悵〕

---

① 赏：不可誤作尝。尝是嘗的簡化字（見第二表）。

帐〔帳〕
张〔張〕
枨〔棖〕
账〔賬〕
胀〔脹〕
涨〔漲〕

**尝**

鲿〔鱨〕

**车**

轧〔軋〕
军〔軍〕
轨〔軌〕
厍〔厙〕
阵〔陣〕
库〔庫〕
连〔連〕
轩〔軒〕
诨〔諢〕
郓〔鄆〕
轫〔軔〕
轭〔軛〕
匦〔匭〕
转〔轉〕
轮〔輪〕
斩〔斬〕
软〔軟〕
浑〔渾〕
恽〔惲〕
砗〔硨〕
轶〔軼〕
轲〔軻〕
轱〔軲〕
轷〔軤〕
轻〔輕〕
轳〔轤〕
轴〔軸〕
挥〔揮〕
荤〔葷〕
轹〔轢〕
轸〔軫〕
轺〔軺〕
涟〔漣〕
珲〔琿〕
载〔載〕
莲〔蓮〕
较〔較〕
轼〔軾〕
轾〔輊〕
辂〔輅〕
轿〔轎〕
晕〔暈〕
渐〔漸〕
惭〔慚〕
皲〔皸〕
琏〔璉〕
辅〔輔〕
辄〔輒〕
辆〔輛〕
堑〔塹〕
啭〔囀〕
崭〔嶄〕
裤〔褲〕
裢〔褳〕
辇〔輦〕
辋〔輞〕
辍〔輟〕
辊〔輥〕
椠〔槧〕
辎〔輜〕
暂〔暫〕
辉〔輝〕
辈〔輩〕
链〔鏈〕
翚〔翬〕
辏〔輳〕
辐〔輻〕
辑〔輯〕
输〔輸〕
毂〔轂〕
辔〔轡〕
辖〔轄〕
辕〔轅〕
辗〔輾〕
舆〔輿〕
辘〔轆〕
撵〔攆〕
鲢〔鰱〕
辙〔轍〕
錾〔鏨〕
辚〔轔〕

**齿**

龀〔齔〕
啮〔嚙〕
龆〔齠〕
龅〔齙〕
龃〔齟〕
龄〔齡〕
龇〔齜〕
龈〔齦〕
龉〔齬〕
龊〔齪〕
龌〔齷〕
龋〔齲〕

**虫**

蛊〔蠱〕

**刍**

诌〔謅〕
㑇〔㑳〕
邹〔鄒〕
㤘〔㥮〕
驺〔騶〕
绉〔縐〕
皱〔皺〕
趋〔趨〕
雏〔雛〕

**从**

苁〔蓯〕
纵〔縱〕
枞〔樅〕
怂〔慫〕
耸〔聳〕

**窜**

撺〔攛〕
镩〔鑹〕
蹿〔躥〕

**达**

㳠〔澾〕
闼〔闥〕
挞〔撻〕

哒〔噠〕
鞑〔韃〕

**带**

滞〔滯〕

**单**

郸〔鄲〕
惮〔憚〕
阐〔闡〕
掸〔撣〕
弹〔彈〕
婵〔嬋〕
禅〔禪〕
殚〔殫〕
瘅〔癉〕
蝉〔蟬〕
箪〔簞〕
蕲〔蘄〕
冁〔囅〕

**当**

挡〔擋〕
档〔檔〕
裆〔襠〕
铛〔鐺〕

**党**

谠〔讜〕
傥〔儻〕
镋〔钂〕

**东**

冻〔凍〕
陈〔陳〕
岽〔崬〕
栋〔棟〕
胨〔腖〕
鸫〔鶇〕

**动**

恸〔慟〕

**断**

簖〔籪〕

**对**

怼〔懟〕

**队**

坠〔墜〕

**尔**

迩〔邇〕
弥〔彌〕
〔瀰〕
祢〔禰〕
玺〔璽〕
猕〔獼〕

**发**

泼〔潑〕
废〔廢〕
拨〔撥〕
䥽〔鏺〕

**丰**

沣〔灃〕
艳〔艷〕
滟〔灩〕

**风**

讽〔諷〕
沨〔渢〕
岚〔嵐〕
枫〔楓〕
疯〔瘋〕
飒〔颯〕
砜〔碸〕
飓〔颶〕
飔〔颸〕
飕〔颼〕
飗〔飀〕
飘〔飄〕
飙〔飆〕

**冈**

刚〔剛〕
㧏〔掆〕
岗〔崗〕
纲〔綱〕
㭎〔棡〕
钢〔鋼〕

**广**

邝〔鄺〕
圹〔壙〕
扩〔擴〕
犷〔獷〕
纩〔纊〕
旷〔曠〕
矿〔礦〕

**归**

岿〔巋〕

**龟**

阄〔鬮〕

**国**

掴〔摑〕
帼〔幗〕
腘〔膕〕
蝈〔蟈〕

**过**

挝〔撾〕

**华**

哗〔嘩〕
骅〔驊〕
烨〔燁〕
桦〔樺〕
晔〔曄〕
铧〔鏵〕

**画**

婳〔嫿〕

**汇**

㧟〔擓〕

**会**

刽〔劊〕
郐〔鄶〕
侩〔儈〕
浍〔澮〕
荟〔薈〕
哙〔噲〕
狯〔獪〕
绘〔繪〕
烩〔燴〕
桧〔檜〕
脍〔膾〕
鲙〔鱠〕

**几**

讥〔譏〕
叽〔嘰〕
饥〔饑〕
机〔機〕
玑〔璣〕
矶〔磯〕
虮〔蟣〕

夹

郏〔郟〕
侠〔俠〕
陕〔陝〕
浃〔浹〕
挟〔挾〕
荚〔莢〕
峡〔峽〕
狭〔狹〕
惬〔愜〕
硖〔硤〕
铗〔鋏〕
颊〔頰〕
蛱〔蛺〕
瘗〔瘞〕
箧〔篋〕

戋

刬〔剗〕
浅〔淺〕
饯〔餞〕
线〔綫〕
残〔殘〕
栈〔棧〕
贱〔賤〕
盏〔盞〕
钱〔錢〕
笺〔箋〕
溅〔濺〕
践〔踐〕

监

滥〔濫〕
蓝〔藍〕
尴〔尷〕
槛〔檻〕
褴〔襤〕
篮〔籃〕

见

苋〔莧〕
岘〔峴〕
觃〔覎〕
视〔視〕
规〔規〕
现〔現〕
枧〔梘〕
觅〔覓〕
觉〔覺〕
砚〔硯〕
觇〔覘〕
览〔覽〕
宽〔寬〕
蚬〔蜆〕
觊〔覬〕
笕〔筧〕
觋〔覡〕
觌〔覿〕
靓〔靚〕
搅〔攪〕
揽〔攬〕
缆〔纜〕
窥〔窺〕
榄〔欖〕
觎〔覦〕
觏〔覯〕
觐〔覲〕
觑〔覷〕
髋〔髖〕

荐

鞯〔韉〕

将

蒋〔蔣〕
锵〔鏘〕

节

栉〔櫛〕

尽

浕〔濜〕
荩〔藎〕
烬〔燼〕
赆〔贐〕

进

琎〔璡〕

举

榉〔櫸〕

壳

悫〔慤〕

来

涞〔淶〕
莱〔萊〕
崃〔崍〕
徕〔徠〕
赉〔賚〕
睐〔睞〕
铼〔錸〕

乐

泺〔濼〕
烁〔爍〕
栎〔櫟〕
轹〔轢〕
砾〔礫〕
铄〔鑠〕

离

漓〔灕〕
篱〔籬〕

历

沥〔瀝〕
坜〔壢〕
苈〔藶〕
呖〔嚦〕
枥〔櫪〕
疬〔癧〕
雳〔靂〕

丽

俪〔儷〕
郦〔酈〕
逦〔邐〕
骊〔驪〕
鹂〔鸝〕
酾〔釃〕
鲡〔鱺〕

两

俩〔倆〕
唡〔啢〕
辆〔輛〕
满〔滿〕
瞒〔瞞〕
颟〔顢〕
螨〔蟎〕
魉〔魎〕
懑〔懣〕
蹒〔蹣〕

**灵**

棂〔欞〕

**刘**

浏〔瀏〕

**龙**

陇〔隴〕
泷〔瀧〕
宠〔寵〕
庞〔龐〕
垄〔壟〕
拢〔攏〕
茏〔蘢〕
咙〔嚨〕
珑〔瓏〕
栊〔櫳〕
龚〔龔〕
昽〔曨〕
胧〔朧〕
砻〔礱〕
袭〔襲〕
聋〔聾〕
龚〔龔〕
龛〔龕〕
笼〔籠〕
詟〔讋〕

**娄**

偻〔僂〕
溇〔漊〕
蒌〔蔞〕
搂〔摟〕
嵝〔嶁〕
喽〔嘍〕
缕〔縷〕
屡〔屢〕
数〔數〕
楼〔樓〕
瘘〔瘻〕
褛〔褸〕
窭〔窶〕
䁖〔瞜〕
镂〔鏤〕
屦〔屨〕
蝼〔螻〕
篓〔簍〕
耧〔耬〕
薮〔藪〕
擞〔擻〕
髅〔髏〕

**卢**

泸〔瀘〕
垆〔壚〕
栌〔櫨〕
轳〔轤〕
胪〔臚〕
鸬〔鸕〕
颅〔顱〕
舻〔艫〕
鲈〔鱸〕

**虏**

掳〔擄〕

**卤**

鹾〔鹺〕

**录**

箓〔籙〕

**虑**

滤〔濾〕
摅〔攄〕

**仑**

论〔論〕
伦〔倫〕
沦〔淪〕
抡〔掄〕
囵〔圇〕
纶〔綸〕
轮〔輪〕
瘪〔癟〕

**罗**

萝〔蘿〕
啰〔囉〕
逻〔邏〕
猡〔玀〕
椤〔欏〕
锣〔鑼〕
箩〔籮〕

**马**

冯〔馮〕
驭〔馭〕
闯〔闖〕
吗〔嗎〕
犸〔獁〕
驮〔馱〕
驰〔馳〕
驯〔馴〕
妈〔媽〕
玛〔瑪〕
驱〔驅〕
驳〔駁〕
码〔碼〕
驼〔駝〕
驻〔駐〕
驵〔駔〕
驾〔駕〕
驿〔驛〕
驷〔駟〕
驶〔駛〕
驹〔駒〕
驺〔騶〕
骀〔駘〕
驸〔駙〕
驽〔駑〕
骂〔罵〕
蚂〔螞〕
笃〔篤〕
骇〔駭〕
骈〔駢〕
骁〔驍〕
骄〔驕〕
骅〔驊〕
骆〔駱〕
骊〔驪〕
骋〔騁〕
验〔驗〕
骏〔駿〕
骎〔駸〕
骑〔騎〕
骐〔騏〕
骒〔騍〕
骓〔騅〕
骖〔驂〕

骗〔騙〕
骘〔騭〕
骛〔騖〕
骚〔騷〕
骞〔騫〕
骜〔驁〕
蓦〔驀〕
腾〔騰〕
骝〔騮〕
骟〔騸〕
骠〔驃〕
骢〔驄〕
骡〔騾〕
羁〔羈〕
骤〔驟〕
骥〔驥〕
骧〔驤〕

**买**

荬〔蕒〕

**卖**

读〔讀〕
渎〔瀆〕
续〔續〕
椟〔櫝〕
觌〔覿〕
赎〔贖〕
犊〔犢〕
牍〔牘〕
窦〔竇〕
黩〔黷〕

**麦**

唛〔嘜〕
麸〔麩〕

**门**

闩〔閂〕
闪〔閃〕
们〔們〕
闭〔閉〕
闯〔闖〕
问〔問〕
扪〔捫〕
闱〔闈〕
闵〔閔〕
闷〔悶〕
闰〔閏〕
闲〔閑〕
间〔間〕
闹〔鬧〕①
闸〔閘〕
钔〔鍆〕
阂〔閡〕
闺〔閨〕
闻〔聞〕
闼〔闥〕
闽〔閩〕
闾〔閭〕
闿〔闓〕
[illegible]
阁〔閣〕
阀〔閥〕
润〔潤〕
涧〔澗〕
悯〔憫〕
阆〔閬〕
阅〔閱〕
阃〔閫〕
阄〔鬮〕①
[illegible]
娴〔嫻〕
阏〔閼〕
阈〔閾〕
阉〔閹〕
阊〔閶〕
阍〔閽〕
阌〔閿〕
阋〔鬩〕①
阐〔闡〕
阎〔閻〕
焖〔燜〕
阑〔闌〕
裥〔襇〕
阔〔闊〕
痫〔癇〕
鹇〔鷳〕
阕〔闋〕
阒〔闃〕
搁〔擱〕
锏〔鐧〕
锎〔鐦〕
阙〔闕〕
阖〔闔〕
阗〔闐〕
榈〔櫚〕
简〔簡〕
谰〔讕〕
阚〔闞〕
蔺〔藺〕
澜〔瀾〕
斓〔斕〕
㘓〔囒〕
镧〔鑭〕
躏〔躪〕

**黾**

渑〔澠〕
绳〔繩〕
鼋〔黿〕
蝇〔蠅〕
鼍〔鼉〕

**难**

傩〔儺〕

---

① 鬥字頭的字，一般也寫作門字頭，如鬧、鬮、鬩寫作閙、䦲、鬩。因此，這些鬥字頭的字可簡化作门字頭。但鬥爭的鬥應簡作斗（見第一表）。

滩〔灘〕
摊〔攤〕
瘫〔癱〕

**鸟**

凫〔鳬〕
鸠〔鳩〕
岛〔島〕
茑〔蔦〕
鸢〔鳶〕
鸣〔鳴〕
枭〔梟〕
鸩〔鴆〕
鸦〔鴉〕
䴓〔鳾〕
鸥〔鷗〕
鸨〔鴇〕
鸧〔鶬〕
窎〔窵〕
莺〔鶯〕
鸪〔鴣〕
捣〔搗〕
鸫〔鶇〕
鸬〔鸕〕
鸭〔鴨〕
鸯〔鴦〕
鸮〔鴞〕
鸲〔鴝〕
鸰〔鴒〕
鸳〔鴛〕
鸵〔鴕〕
袅〔裊〕
鸱〔鴟〕
鸶〔鷥〕
鸾〔鸞〕
䴔〔鵁〕
鸿〔鴻〕
鸷〔鷙〕
鸸〔鴯〕
䴕〔鴷〕
鸼〔鵃〕
鸽〔鴿〕
鸹〔鴰〕
鸺〔鵂〕
鸻〔鴴〕
鹈〔鵜〕
鹇〔鷳〕
鹁〔鵓〕
鹂〔鸝〕
鹃〔鵑〕
鹆〔鵒〕
鹄〔鵠〕
鹅〔鵝〕
鹑〔鶉〕
鹒〔鶊〕
䴖〔鶄〕
鹉〔鵡〕
鹊〔鵲〕
鹋〔鶓〕
鹌〔鵪〕
鹏〔鵬〕
鹐〔鵮〕
鹚〔鷀〕
鹕〔鶘〕
鹖〔鶡〕
䴗〔鶪〕
鹗〔鶚〕
鹘〔鶻〕
鹙〔鶖〕
鹜〔鶩〕
鹛〔鶥〕
鹤〔鶴〕
鹣〔鶼〕
鹞〔鷂〕
鹡〔鶺〕
䴘〔鷉〕
鹧〔鷓〕
鹥〔鷖〕
鹦〔鸚〕
鹨〔鷚〕
鹫〔鷲〕
鹩〔鷯〕
鹪〔鷦〕
鹬〔鷸〕
鹰〔鷹〕
鹯〔鸇〕
鹭〔鷺〕
䴙〔鸊〕
鹳〔鸛〕

**聂**

慑〔懾〕
滠〔灄〕
摄〔攝〕
嗫〔囁〕
镊〔鑷〕
颞〔顳〕
蹑〔躡〕

**宁**

泞〔濘〕
拧〔擰〕
咛〔嚀〕
狞〔獰〕
柠〔檸〕
聍〔聹〕

**农**

侬〔儂〕
浓〔濃〕
哝〔噥〕
脓〔膿〕

**齐**

剂〔劑〕
侪〔儕〕
济〔濟〕
荠〔薺〕
挤〔擠〕
脐〔臍〕
蛴〔蠐〕
跻〔躋〕
霁〔霽〕
鲚〔鱭〕
齑〔齏〕

**岂**

剀〔剴〕
凯〔凱〕
恺〔愷〕
闿〔闓〕
垲〔塏〕
桤〔榿〕
觊〔覬〕
硙〔磑〕

皑〔皚〕
铠〔鎧〕

**气**

忾〔愾〕
饩〔餼〕

**迁**

跹〔躚〕

**佥**

剑〔劍〕
俭〔儉〕
险〔險〕
捡〔撿〕
猃〔獫〕
验〔驗〕
检〔檢〕
殓〔殮〕
敛〔斂〕
脸〔臉〕
裣〔襝〕
睑〔瞼〕
签〔簽〕
潋〔瀲〕
蔹〔蘞〕

**乔**

侨〔僑〕
挢〔撟〕
荞〔蕎〕
峤〔嶠〕
骄〔驕〕
娇〔嬌〕
桥〔橋〕
轿〔轎〕
硚〔礄〕
矫〔矯〕
鞒〔鞽〕

**亲**

榇〔櫬〕

**穷**

䓖〔藭〕

**区**

讴〔謳〕
伛〔傴〕
沤〔漚〕
怄〔慪〕
抠〔摳〕
奁〔奩〕
呕〔嘔〕
岖〔嶇〕
妪〔嫗〕
驱〔驅〕
枢〔樞〕
瓯〔甌〕
欧〔歐〕
殴〔毆〕
鸥〔鷗〕
眍〔瞘〕
躯〔軀〕

**啬**

蔷〔薔〕
墙〔墻〕
嫱〔嬙〕
樯〔檣〕
穑〔穡〕

**杀**

铩〔鎩〕

**审**

谉〔讅〕
婶〔嬸〕

**圣**

柽〔檉〕
蛏〔蟶〕

**师**

浉〔溮〕
狮〔獅〕
蛳〔螄〕
筛〔篩〕

**时**

埘〔塒〕
莳〔蒔〕
鲥〔鰣〕

**寿**

俦〔儔〕
涛〔濤〕
祷〔禱〕
焘〔燾〕
畴〔疇〕
铸〔鑄〕
筹〔籌〕
踌〔躊〕

**属**

嘱〔囑〕
瞩〔矚〕

**双**

扨〔㩳〕

**肃**

萧〔蕭〕
啸〔嘯〕
潇〔瀟〕
箫〔簫〕
蟏〔蠨〕

**岁**

刿〔劌〕
哕〔噦〕
秽〔穢〕

**孙**

荪〔蓀〕
狲〔猻〕
逊〔遜〕

**条**

涤〔滌〕
绦〔縧〕
鲦〔鰷〕

**万**

厉〔厲〕
迈〔邁〕
励〔勵〕
疠〔癘〕
虿〔蠆〕
趸〔躉〕
砺〔礪〕
粝〔糲〕
蛎〔蠣〕

**为**

伪〔僞〕
沩〔溈〕
妫〔媯〕

**韦**

讳〔諱〕
伟〔偉〕
闱〔闈〕

违〔違〕
苇〔葦〕
韧〔韌〕
帏〔幃〕
围〔圍〕
纬〔緯〕
炜〔煒〕
祎〔禕〕
玮〔瑋〕
韨〔韍〕
涠〔潿〕
韩〔韓〕
韫〔韞〕
韪〔韙〕
韬〔韜〕

**乌**

邬〔鄔〕
坞〔塢〕
呜〔嗚〕
钨〔鎢〕

**无**

怃〔憮〕
庑〔廡〕
抚〔撫〕
芜〔蕪〕
呒〔嘸〕

妩〔嫵〕

**献**

谳〔讞〕

**乡**

芗〔薌〕
飨〔饗〕

**写**

泻〔瀉〕

**寻**

浔〔潯〕
荨〔蕁〕
挦〔撏〕
鲟〔鱘〕

**亚**

垩〔堊〕
垭〔埡〕
挜〔掗〕
哑〔啞〕
娅〔婭〕
恶〔惡〕
〔噁〕
氩〔氬〕
壶〔壺〕

**严**

俨〔儼〕
酽〔釅〕

**厌**

恹〔懨〕
厣〔厴〕
靥〔靨〕
餍〔饜〕
魇〔魘〕
黡〔黶〕

**尧**

侥〔僥〕
浇〔澆〕
挠〔撓〕
荛〔蕘〕
峣〔嶢〕
哓〔嘵〕
娆〔嬈〕
骁〔驍〕
绕〔繞〕
饶〔饒〕
烧〔燒〕
桡〔橈〕
晓〔曉〕
硗〔磽〕
铙〔鐃〕
翘〔翹〕
蛲〔蟯〕
跷〔蹺〕

**业**

邺〔鄴〕

**页**

顶〔頂〕
顷〔頃〕
项〔項〕
顸〔頇〕
顺〔順〕
须〔須〕
颃〔頏〕
烦〔煩〕
顼〔頊〕
顽〔頑〕
顿〔頓〕
颀〔頎〕
颁〔頒〕
颂〔頌〕
倾〔傾〕
预〔預〕
庼〔廎〕
硕〔碩〕
颅〔顱〕
领〔領〕
颈〔頸〕
颇〔頗〕
颏〔頦〕

颊〔頰〕
颉〔頡〕
颍〔潁〕
颌〔頜〕
颋〔頲〕
滪〔澦〕
颐〔頤〕
蓣〔蕷〕
频〔頻〕
颓〔頹〕
颔〔頷〕
颖〔穎〕
颗〔顆〕
额〔額〕
颜〔顏〕
撷〔擷〕
题〔題〕
颙〔顒〕
颛〔顓〕
缬〔纈〕
濒〔瀕〕
颠〔顛〕
颟〔顢〕
颞〔顳〕
颡〔顙〕
嚣〔囂〕

颢〔顥〕
颤〔顫〕
巅〔巔〕
灏〔灝〕
癫〔癲〕
灏〔灝〕
颦〔顰〕
颧〔顴〕

义

议〔議〕
仪〔儀〕
蚁〔蟻〕

艺

呓〔囈〕

阴

荫〔蔭〕

隐

瘾〔癮〕

犹

莸〔蕕〕

鱼

鱽〔魛〕
渔〔漁〕
鲂〔魴〕
鱿〔魷〕
鲁〔魯〕
鲎〔鱟〕
蓟〔薊〕
鲆〔鮃〕
鲅〔鮁〕
鲅〔鮁〕
鲈〔鱸〕
鲇〔鮎〕
鲊〔鮓〕
鲄〔鮣〕
稣〔穌〕
鲋〔鮒〕
鲍〔鮑〕
鲐〔鮐〕
鲞〔鯗〕
鲝〔鮺〕
鲚〔鱭〕
鲛〔鮫〕
鲜〔鮮〕
鲑〔鮭〕
鲒〔鮚〕
鲔〔鮪〕
鲟〔鱘〕
鲗〔鰂〕
鲖〔鮦〕
鲙〔鱠〕
鲨〔鯊〕
噜〔嚕〕
鲡〔鱺〕
鲠〔鯁〕
鲢〔鰱〕
鲫〔鯽〕
鲥〔鰣〕
鲩〔鯇〕
鲣〔鰹〕
鲤〔鯉〕
鲦〔鰷〕
鯀〔鯀〕
橹〔櫓〕
氇〔氌〕
鲸〔鯨〕
鲭〔鯖〕
鲮〔鯪〕
鲰〔鯫〕
鲲〔鯤〕
鲻〔鯔〕
鲳〔鯧〕
鲱〔鯡〕
鲵〔鯢〕
鲷〔鯛〕
鲶〔鯰〕
藓〔蘚〕
䲡〔鰌〕
鲮〔鯪〕
鲼〔鱝〕
鳊〔鯿〕
鲽〔鰈〕
鳁〔鰮〕
鳃〔鰓〕
鳄〔鱷〕
镥〔鑥〕
鳅〔鰍〕
鳆〔鰒〕
鳇〔鰉〕
鳌〔鰲〕
歔〔歔〕
螣〔鰧〕
鳒〔鰜〕
鳍〔鰭〕
鳎〔鰨〕
鳏〔鰥〕
鳑〔鰟〕
癣〔癬〕
鳖〔鱉〕
鳙〔鱅〕
鳛〔鰼〕
鳕〔鱈〕
鳔〔鰾〕
鳓〔鰳〕
鳘〔鰵〕
鳗〔鰻〕
鳝〔鱔〕
鳟〔鱒〕
鳞〔鱗〕
鳜〔鱖〕
鳣〔鱣〕
鳢〔鱧〕

与

屿〔嶼〕
欤〔歟〕

云

芸〔蕓〕
昙〔曇〕
叆〔靉〕
叇〔靆〕

郑

掷〔擲〕
踯〔躑〕

执

垫〔墊〕
挚〔摯〕
贽〔贄〕
鸷〔鷙〕
蛰〔蟄〕
絷〔縶〕

**质**

锧〔鑕〕
踬〔躓〕

**专**

传〔傳〕
抟〔摶〕
转〔轉〕
肫〔膞〕
砖〔磚〕
啭〔囀〕

**讠**

计〔計〕
订〔訂〕
讣〔訃〕
讥〔譏〕
议〔議〕
讨〔討〕
讧〔訌〕
讦〔訐〕
记〔記〕
讯〔訊〕
讪〔訕〕
训〔訓〕
讫〔訖〕
访〔訪〕
讶〔訝〕

讳〔諱〕
讵〔詎〕
讴〔謳〕
诀〔訣〕
讷〔訥〕
设〔設〕
讽〔諷〕
讹〔訛〕
䜣〔訢〕
许〔許〕
论〔論〕
讼〔訟〕
讻〔訩〕
诂〔詁〕
诃〔訶〕
评〔評〕
诏〔詔〕
词〔詞〕
译〔譯〕
诎〔詘〕
诇〔詗〕
诅〔詛〕
识〔識〕
诌〔謅〕
诋〔詆〕
诉〔訴〕

诈〔詐〕
诊〔診〕
诒〔詒〕
诨〔諢〕
该〔該〕
详〔詳〕
诧〔詫〕
诓〔誆〕
诖〔詿〕
诘〔詰〕
诙〔詼〕
试〔試〕
诗〔詩〕
诩〔詡〕
诤〔諍〕
诠〔詮〕
诛〔誅〕
诔〔誄〕
诟〔詬〕
诣〔詣〕
话〔話〕
诡〔詭〕
询〔詢〕
诚〔誠〕
诞〔誕〕
浒〔滸〕

诮〔誚〕
说〔說〕
诫〔誡〕
诬〔誣〕
语〔語〕
诵〔誦〕
罚〔罰〕
误〔誤〕
诰〔誥〕
诳〔誑〕
诱〔誘〕
诲〔誨〕
诶〔誒〕
狱〔獄〕
谊〔誼〕
谅〔諒〕
谈〔談〕
谆〔諄〕
谉〔讅〕
谇〔誶〕
请〔請〕
诺〔諾〕
诸〔諸〕
读〔讀〕
诼〔諑〕
诹〔諏〕

课〔課〕
诽〔誹〕
诿〔諉〕
谁〔誰〕
谀〔諛〕
调〔調〕
谄〔諂〕
谂〔諗〕
谛〔諦〕
谙〔諳〕
谜〔謎〕
谚〔諺〕
谝〔諞〕
谘〔諮〕
谌〔諶〕
谎〔謊〕
谋〔謀〕
谍〔諜〕
谐〔諧〕
谏〔諫〕
谞〔諝〕
谑〔謔〕
谒〔謁〕
谔〔諤〕
谓〔謂〕
谖〔諼〕

谕〔諭〕
谥〔謚〕
谤〔謗〕
谦〔謙〕
谧〔謐〕
谟〔謨〕
谠〔讜〕
谡〔謖〕
谢〔謝〕
谣〔謠〕
储〔儲〕
谪〔謫〕
谫〔譾〕
谨〔謹〕
谬〔謬〕
谩〔謾〕
谱〔譜〕
谮〔譖〕
谭〔譚〕
谰〔讕〕
谲〔譎〕
谯〔譙〕
蔼〔藹〕
槠〔櫧〕
谴〔譴〕
谵〔譫〕
谳〔讞〕
辩〔辯〕
䜩〔讌〕
雠〔讎〕①
谶〔讖〕
霭〔靄〕

**饣**

饥〔饑〕
饦〔飥〕
饧〔餳〕
饨〔飩〕
饭〔飯〕
饮〔飲〕
饫〔飫〕
饩〔餼〕
饪〔飪〕
饬〔飭〕
饲〔飼〕
饯〔餞〕
饰〔飾〕
饱〔飽〕
饴〔飴〕
饳〔飿〕
饸〔餄〕
饷〔餉〕
饺〔餃〕
饻〔餏〕
饼〔餅〕
饵〔餌〕
饶〔饒〕
蚀〔蝕〕
饹〔餎〕
饽〔餑〕
馁〔餒〕
饿〔餓〕
馆〔館〕
馄〔餛〕
馃〔餜〕
馅〔餡〕
馉〔餶〕
馇〔餷〕
馈〔饋〕
馊〔餿〕
馐〔饈〕
馍〔饃〕
馎〔餺〕
馏〔餾〕
馑〔饉〕
馒〔饅〕
馓〔饊〕
馔〔饌〕
馕〔饢〕

**𠃓**

汤〔湯〕
扬〔揚〕
场〔場〕
旸〔暘〕
饧〔餳〕
炀〔煬〕
杨〔楊〕
肠〔腸〕
疡〔瘍〕
砀〔碭〕
畅〔暢〕
钖〔鍚〕
殇〔殤〕
荡〔蕩〕
烫〔燙〕
觞〔觴〕

**纟**

丝〔絲〕
纠〔糾〕
纩〔纊〕
纡〔紆〕
纣〔紂〕
红〔紅〕
纪〔紀〕
纫〔紉〕
纥〔紇〕
约〔約〕
纨〔紈〕
级〔級〕
纺〔紡〕
纹〔紋〕
纬〔緯〕
纭〔紜〕
纯〔純〕
纰〔紕〕
纽〔紐〕
纳〔納〕
纲〔綱〕
纱〔紗〕
纴〔紝〕

① 讎：用於校讎、讎定、仇讎等。表示仇恨、仇敵義時用仇。

纷〔紛〕
纶〔綸〕
纸〔紙〕
纵〔縱〕
纾〔紓〕
纼〔紖〕
咝〔噝〕
绊〔絆〕
线〔綫〕
绀〔紺〕
绁〔紲〕
绂〔紱〕
绋〔紼〕
绎〔繹〕
经〔經〕
绍〔紹〕
组〔組〕
细〔細〕
䌷〔紬〕
绅〔紳〕
织〔織〕
绌〔絀〕
终〔終〕
绉〔縐〕
绐〔紿〕
哟〔喲〕

绖〔絰〕
荮〔葤〕
荭〔葒〕
绞〔絞〕
统〔統〕
绒〔絨〕
绕〔繞〕
绔〔絝〕
结〔結〕
绗〔絎〕
给〔給〕
绘〔繪〕
绝〔絶〕
绛〔絳〕
络〔絡〕
绚〔絢〕
绑〔綁〕
莼〔蒓〕
绠〔綆〕
绨〔綈〕
绡〔綃〕
绢〔絹〕
绣〔綉〕
绥〔綏〕
绦〔縧〕
鸶〔鷥〕

综〔綜〕
绽〔綻〕
绾〔綰〕
绻〔綣〕
绩〔績〕
绫〔綾〕
绪〔緒〕
续〔續〕
绮〔綺〕
缀〔綴〕
绿〔緑〕
绰〔綽〕
绲〔緄〕
绳〔繩〕
绯〔緋〕
绶〔綬〕
绸〔綢〕
绷〔綳〕
绺〔綹〕
维〔維〕
绵〔綿〕
缁〔緇〕
缔〔締〕
编〔編〕
缕〔縷〕
缃〔緗〕

缂〔緙〕
缅〔緬〕
缘〔緣〕
缉〔緝〕
缇〔緹〕
缈〔緲〕
缗〔緡〕
缊〔緼〕
缌〔緦〕
缆〔纜〕
缓〔緩〕
缄〔緘〕
缑〔緱〕
缒〔縋〕
缎〔緞〕
辔〔轡〕
缞〔縗〕
缤〔繽〕
缟〔縞〕
缣〔縑〕
缢〔縊〕
缚〔縛〕
缙〔縉〕
缛〔縟〕
缜〔縝〕
缝〔縫〕

缡〔縭〕
潍〔濰〕
缩〔縮〕
缥〔縹〕
缪〔繆〕
缦〔縵〕
缨〔纓〕
缫〔繅〕
缧〔縲〕
蕴〔藴〕
缮〔繕〕
缯〔繒〕
缬〔纈〕
缭〔繚〕
橼〔櫞〕
缰〔繮〕
缳〔繯〕
缲〔繰〕
缱〔繾〕
缴〔繳〕
辫〔辮〕
缵〔纘〕

**収**

坚〔堅〕
贤〔賢〕
肾〔腎〕

竖〔竪〕
悭〔慳〕
紧〔緊〕
铿〔鏗〕
鲣〔鰹〕

**𫇦**

劳〔勞〕
茕〔煢〕
茔〔塋〕
荧〔熒〕
荣〔榮〕
荥〔滎〕
荦〔犖〕
涝〔澇〕
崂〔嶗〕
莹〔瑩〕
捞〔撈〕
唠〔嘮〕
莺〔鶯〕
萤〔螢〕
营〔營〕
萦〔縈〕
痨〔癆〕
嵘〔嶸〕
铹〔鐒〕
耢〔耮〕
蝾〔蠑〕

**𫩏**

览〔覽〕
揽〔攬〕
缆〔纜〕
榄〔欖〕
鉴〔鑒〕

**只**

识〔識〕
帜〔幟〕
织〔織〕
炽〔熾〕
职〔職〕

**钅**

钆〔釓〕
钇〔釔〕
钌〔釕〕
钋〔釙〕
钉〔釘〕
针〔針〕
钊〔釗〕
钗〔釵〕
钎〔釬〕
钓〔釣〕
钏〔釧〕
钍〔釷〕
钐〔釤〕
钒〔釩〕
钖〔鍚〕
钕〔釹〕
钔〔鍆〕
钬〔鈥〕
钫〔鈁〕
钚〔鈈〕
𫓧〔釾〕
钪〔鈧〕
钯〔鈀〕
钭〔鈄〕
钙〔鈣〕
钝〔鈍〕
钛〔鈦〕
钘〔鈃〕
钮〔鈕〕
钞〔鈔〕
钢〔鋼〕
钠〔鈉〕
钡〔鋇〕
钤〔鈐〕
钧〔鈞〕
钩〔鈎〕
钦〔欽〕
钨〔鎢〕
铋〔鉍〕
钰〔鈺〕
钱〔錢〕
钲〔鉦〕
钳〔鉗〕
钴〔鈷〕
钺〔鉞〕
钵〔鉢〕
钹〔鈸〕
钼〔鉬〕
钾〔鉀〕
铀〔鈾〕
钿〔鈿〕
铎〔鐸〕
䥽〔鏺〕
铃〔鈴〕
铅〔鉛〕
铂〔鉑〕
铄〔鑠〕
铆〔鉚〕
铍〔鈹〕
钶〔鈳〕
铊〔鉈〕
钽〔鉭〕
铌〔鈮〕
钷〔鉕〕
铈〔鈰〕
铉〔鉉〕
铒〔鉺〕
铑〔銠〕
铕〔銪〕
铟〔銦〕
铷〔銣〕
铯〔銫〕
铥〔銩〕
铪〔鉿〕
铞〔銱〕
铫〔銚〕
铵〔銨〕
衔〔銜〕
铲〔鏟〕
铰〔鉸〕
铳〔銃〕
铱〔銥〕
铓〔鋩〕
铗〔鋏〕
铐〔銬〕
铏〔鉶〕
铙〔鐃〕
银〔銀〕
铛〔鐺〕
铜〔銅〕

铝〔鋁〕
铡〔鍘〕
铠〔鎧〕
铨〔銓〕
铢〔銖〕
铣〔銑〕
铤〔鋌〕
铭〔銘〕
铬〔鉻〕
铮〔錚〕
铧〔鏵〕
铩〔鎩〕
揿〔撳〕
锌〔鋅〕
锐〔鋭〕
锑〔銻〕
锒〔鋃〕
铺〔鋪〕
铸〔鑄〕
嵚〔嶔〕
锓〔鋟〕
锃〔鋥〕
链〔鏈〕
铿〔鏗〕
锏〔鐧〕
销〔銷〕
锁〔鎖〕
锄〔鋤〕
锅〔鍋〕
锉〔銼〕
锈〔銹〕
锋〔鋒〕
锆〔鋯〕
铹〔鐒〕
锔〔鋦〕
锕〔錒〕
锎〔鐦〕
铽〔鋱〕
铼〔錸〕
锇〔鋨〕
锂〔鋰〕
锧〔鑕〕
锘〔鍩〕
锞〔錁〕
锭〔錠〕
锗〔鍺〕
锝〔鍀〕
锫〔錇〕
错〔錯〕
锚〔錨〕
锛〔錛〕
锯〔鋸〕
锰〔錳〕
锢〔錮〕
锟〔錕〕
锡〔錫〕
锣〔鑼〕
锤〔錘〕
锥〔錐〕
锦〔錦〕
锨〔鍁〕
锱〔錙〕
键〔鍵〕
镀〔鍍〕
镃〔鎡〕
镁〔鎂〕
镂〔鏤〕
锲〔鍥〕
锵〔鏘〕
锷〔鍔〕
锶〔鍶〕
锴〔鍇〕
锾〔鍰〕
锹〔鍬〕
锿〔鎄〕
镅〔鎇〕
镄〔鐨〕
锻〔鍛〕
锸〔鍤〕
锼〔鎪〕
镎〔鎿〕
镓〔鎵〕
镋〔钂〕
镔〔鑌〕
镒〔鎰〕
𨱏〔鍽〕
镑〔鎊〕
镐〔鎬〕
镉〔鎘〕
镊〔鑷〕
镇〔鎮〕
镍〔鎳〕
镌〔鎸〕
镏〔鎦〕
镜〔鏡〕
镝〔鏑〕
镛〔鏞〕
镞〔鏃〕
镖〔鏢〕
镚〔鏰〕
镗〔鏜〕
𬭤〔鐯〕
镘〔鏝〕
镩〔鑹〕
镦〔鐓〕
𫔩〔鐥〕
镨〔鐠〕
镧〔鑭〕
镥〔鑥〕
镤〔鏷〕
镢〔鐝〕
镣〔鐐〕
镫〔鐙〕
镪〔鏹〕
镰〔鐮〕
镱〔鐿〕
镭〔鐳〕
镬〔鑊〕
镮〔鐶〕
镯〔鐲〕
镲〔鑔〕
镳〔鑣〕
镴〔鑞〕
镶〔鑲〕
𫓴〔钁〕

### ⺍

峃〔嶨〕
学〔學〕
觉〔覺〕
搅〔攪〕

喾〔嚳〕
鲎〔黨〕
黉〔黌〕
**⺨**
译〔譯〕
泽〔澤〕
怿〔懌〕
择〔擇〕
峄〔嶧〕
绎〔繹〕
驿〔驛〕
铎〔鐸〕

萚〔蘀〕
释〔釋〕
箨〔籜〕
**𢀖**
劲〔勁〕
刭〔剄〕
陉〔陘〕
泾〔涇〕
茎〔莖〕
径〔徑〕
经〔經〕
烃〔烴〕

轻〔輕〕
氢〔氫〕
胫〔脛〕
痉〔痙〕
羟〔羥〕
颈〔頸〕
巯〔巰〕
**亦**
变〔變〕
弯〔彎〕
孪〔孿〕
峦〔巒〕

娈〔孌〕
恋〔戀〕
栾〔欒〕
挛〔攣〕
鸾〔鸞〕
湾〔灣〕
蛮〔蠻〕
脔〔臠〕
滦〔灤〕
銮〔鑾〕
**呙**
剐〔剮〕

涡〔渦〕
埚〔堝〕
㖞〔喎〕
莴〔萵〕
娲〔媧〕
祸〔禍〕
脶〔腡〕
窝〔窩〕
锅〔鍋〕
蜗〔蝸〕

# 附　錄

以下39個字是從《第一批異體字整理表》摘錄出來的。這些字習慣被看作簡化字，附此以便檢查。括弧裏的字是停止使用的異體字。

| 呆〔獃騃〕 | 迹〔跡蹟〕 | 麻〔蔴〕 | 席〔蓆〕 | 韵〔韻〕 |
|---|---|---|---|---|
| 布〔佈〕 | 秸〔稭〕 | 脉〔脈〕 | 凶〔兇〕 | 灾〔災〕 |
| 痴〔癡〕 | 杰〔傑〕[1] | 猫〔貓〕 | 绣〔繡〕 | 札〔剳劄〕 |
| 床〔牀〕 | 巨〔鉅〕 | 栖〔棲〕 | 锈〔鏽〕 | 扎〔紮紥〕 |
| 唇〔脣〕 | 昆〔崑崐〕 | 弃〔棄〕 | 岩〔巖〕 | 占〔佔〕 |
| 雇〔僱〕 | 捆〔綑〕 | 升〔陞昇〕 | 异〔異〕 | 周〔週〕 |
| 挂〔掛〕 | 泪〔淚〕 | 笋〔筍〕 | 涌〔湧〕 | 注〔註〕 |
| 哄〔閧鬨〕 | 厘〔釐〕 | 它〔牠〕 | 岳〔嶽〕 | |

下列地名用字，因爲生僻難認，已經國務院批准更改，錄後以備檢查。

**黑龍江**　鐵驪縣改鐵力縣
　　　　　璦琿縣改愛輝縣

**青　海**　亹源回族自治縣改門源回族自治縣

**新　疆**　和闐專區改和田專區
　　　　　和闐縣改和田縣
　　　　　于闐縣改于田縣
　　　　　婼羌縣改若羌縣

---

① 杰：從木，不從朮。

**江　西**　雩都縣改于都縣
大庾縣改大余縣
虔南縣改全南縣
新淦縣改新干縣
新喻縣改新余縣
鄱陽縣改波陽縣
尋鄔縣改尋烏縣

**廣　西**　鬱林縣改玉林縣

**四　川**　酆都縣改丰都縣
石砫縣改石柱縣
越嶲縣改越西縣
呷洛縣改甘洛縣

**貴　州**　婺川縣改務川縣
鰼水縣改習水縣

**陝　西**　商雒專區改商洛專區
盩厔縣改周至縣
郿縣改眉縣
醴泉縣改禮泉縣
郃陽縣改合陽縣
鄠縣改戶縣
雒南縣改洛南縣
邠縣改彬縣
鄜縣改富縣
葭縣改佳縣
沔縣改勉縣
栒邑縣改旬邑縣
洵陽縣改旬陽縣
汧陽縣改千陽縣

此外，還有以下兩種更改地名用字的情況：（1）由於漢字簡化，例如遼寧省瀋陽市改爲沈陽市；（2）由於異體字整理，例如河南省濬縣改爲浚縣。